Christiane Kolly

Harpie la honte

Christiane Kolly

Harpie la honte

... ou comment l'apprivoiser et en guérir

Éditions Vie

Impressum / Mentions légales

Bibliografische Information der Deutschen Nationalbibliothek: Die Deutsche Nationalbibliothek verzeichnet diese Publikation in der Deutschen Nationalbibliografie; detaillierte bibliografische Daten sind im Internet über http://dnb.d-nb.de abrufbar.

Alle in diesem Buch genannten Marken und Produktnamen unterliegen warenzeichen-, marken- oder patentrechtlichem Schutz bzw. sind Warenzeichen oder eingetragene Warenzeichen der jeweiligen Inhaber. Die Wiedergabe von Marken, Produktnamen, Gebrauchsnamen, Handelsnamen, Warenbezeichnungen u.s.w. in diesem Werk berechtigt auch ohne besondere Kennzeichnung nicht zu der Annahme, dass solche Namen im Sinne der Warenzeichen- und Markenschutzgesetzgebung als frei zu betrachten wären und daher von jedermann benutzt werden dürften.

Information bibliographique publiée par la Deutsche Nationalbibliothek: La Deutsche Nationalbibliothek inscrit cette publication à la Deutsche Nationalbibliografie; des données bibliographiques détaillées sont disponibles sur internet à l'adresse http://dnb.d-nb.de.

Toutes marques et noms de produits mentionnés dans ce livre demeurent sous la protection des marques, des marques déposées et des brevets, et sont des marques ou des marques déposées de leurs détenteurs respectifs. L'utilisation des marques, noms de produits, noms communs, noms commerciaux, descriptions de produits, etc, même sans qu'ils soient mentionnés de façon particulière dans ce livre ne signifie en aucune façon que ces noms peuvent être utilisés sans restriction à l'égard de la législation pour la protection des marques et des marques déposées et pourraient donc être utilisés par quiconque.

Coverbild / Photo de couverture: www.ingimage.com

Verlag / Editeur:
Éditions Vie
ist ein Imprint der / est une marque déposée de
OmniScriptum GmbH & Co. KG
Heinrich-Böcking-Str. 6-8, 66121 Saarbrücken, Deutschland / Allemagne
Email: info@editions-vie.com

Herstellung: siehe letzte Seite /
Impression: voir la dernière page
ISBN: 978-3-639-72205-5

Copyright / Droit d'auteur © 2014 OmniScriptum GmbH & Co. KG
Alle Rechte vorbehalten. / Tous droits réservés. Saarbrücken 2014

J'ai toujours eu
une imagination débordante.
J'ai inventé ces personnages.
Voir dans ce récit des
ressemblances avec des
personnes, des lieux,
des faits existant
ou ayant existé
ne serait que
pure
coïncidence.

Christiane Kolly

Angélique vient de laisser brûler au soleil les plantes vertes qui lui venaient de sa mère, l'inconscience de la symbolique du feu, brûler, faire place vide, pour laisser de l'espace pour faire pousser autre chose.

Elle a l'impression d'être figée entre le marteau et l'enclume, pas encore guérie de sa mère et déjà souffrant de ses filles ! Il est grand temps d'y faire quelque chose !

Le vieux sage et le marchand

Il était une fois un vieil homme, assis à la porte d'une ville. Un jeune homme s'approche de lui :
- Je ne suis pas d'ici, je viens de loin ; dis-moi, vieil homme, comment sont les gens qui vivent dans cette ville ?
Au lieu de lui répondre, le vieillard lui renvoie la question :
- Et dans la ville d'où tu viens, comment les gens étaient-ils donc ?
Le jeune homme aussitôt, plein de hargne :
- Égoïstes et méchants, au point qu'il m'était impossible de les supporter plus longtemps ! C'est pourquoi j'ai préféré partir !
Le vieillard :
- Mon pauvre ami, je te conseille de passer ton chemin : les gens d'ici sont tout aussi méchants et tout aussi égoïstes !
Un peu plus tard, un autre jeune homme s'approche du même vieillard :
- Salut, ô toi qui es couronné d'ans ! Je débarque en ces lieux ; dis-moi, comment sont les gens qui vivent dans cette ville ?
Et le vieil homme de le questionner à son tour :
- Dis-moi d'abord, là d'où tu viens, comment les gens étaient-ils ?
Le jeune homme, dans un grand élan :
- Honnêtes, bons et accueillants ! Je n'avais que des amis ; oh que j'ai eu de peine à les quitter !
Le vieillard :
- Eh bien, ici également, tu ne trouveras que des gens honnêtes, accueillants et pleins de bonté.
Un marchand faisait boire ses chameaux non loin de là, et il avait tout entendu :
- Comment est-il possible, ô vieil homme que je prenais pour un sage, de donner, à la même question, deux réponses aussi diamétralement opposées ? Serait-ce une plaisanterie ?
- Mon fils, déclara le vieil homme, chacun porte en son cœur son propre univers et le retrouvera en tous lieux. Ouvre ton cœur, et ton regard sur les autres et le monde sera changé.

Robert Ingersoll

Angélique aime cette histoire, elle représente bien le fait que chacun porte en lui tout ce qu'il vit. L'extérieur est seulement le reflet de ce qui se passe à l'intérieur. Telle est sa ville, telle est sa mère !

Transposé dans la relation de la mère à la fille, cela signifie que tout ce qui la fait réagir chez sa mère lui appartient aussi, et que ce qui fait réagir sa fille à son sujet appartient aussi à sa fille.

Sa mère a dû, peut-être inconsciemment parce que dans la première partie du vingtième siècle, il était impensable et très mal venu d'oser l'imaginer seulement, réagir par rapport à des aspects de sa propre mère. Aujourd'hui, c'est le contraire, on ose tout, on lui met tout sur le dos, à la mère, est-ce mieux ?

Et ses petites-filles feront de même avec ses filles.

Angélique va surfer sur la toile. Elle tape "je déteste ma mère", elle trouve des kilomètres de textes qui décrivent toutes les bonnes raisons qu'il y a de détester sa mère, à peu près un million de messages ! Avec toutes celles et ceux qui ne vont pas sur le net, le nombre doit être considérable !

N'y a-t-il pas là ingratitude, un oubli de toute reconnaissance pour celle qui a donné, donné sans compter, le sein ou le biberon, l'attention, le temps, les soins, l'apprentissage, l'amour ? On pourrait même parler d'une espèce de sacrilège.

Cet état intérieur, c'est comme un boulet attaché au pied d'Angélique, comme une étrange maladie qui l'empêche d'aimer vraiment sa mère, ses filles et les femmes en général.

La lettre

Angélique était ainsi prête à commencer un livre sur la relation mère-fille, à parler de sa difficulté à accepter les événements qui ont eu lieu dans son enfance, qui l'ont fait souffrir, imaginant que la seule personne responsable était sa mère.

C'est sa fille Caroline qui lui a envoyé un électrochoc, une belle lettre bien argumentée qui parle de l'enfance qu'elle a vécue, de la difficulté qu'elle a de guérir ses blessures, de sa détresse parfois. Elle accuse durant plusieurs pages.

Il est vrai que lorsqu'elle est blessée, Angélique se réfugie dans un mutisme, elle n'est pas capable de dire ce qu'elle ressent, de donner l'heure juste. Elle tente de se soigner !

Elle croit qu'elle a peur de devoir se justifier ou d'être accusée et de vraiment se mettre en colère, avec le risque que la relation déjà difficile le soit encore plus, voire de ne plus avoir de relation du tout.

Et comme les peurs sont plus fortes que tout, vu que ce sont ses pensées qui forment et déterminent son futur, c'est ce qui arrive.

Elle fait de son mieux. Sa fille déteste quand elle dit cela. Évidemment, selon elle ce n'est pas suffisant, faire de son mieux, et le pire c'est qu'Angélique ne sait pas comment sa fille voudrait qu'elle soit. Elle sait juste que ses comportements ne lui conviennent pas.

Voici de quoi est composé l'électrochoc, les reproches de Caroline. Pour avoir assisté dans des ateliers de développement personnel à de nombreux témoignages, elle sait qu'ils doivent représenter un échantillon assez général des reproches des filles aux mères :

- La relation avec toi me rend nerveuse, coupable, incomprise, c'est une relation quasi inexistante.
- Je t'aime et tu ne te rends pas compte des efforts que je fais pour te trouver des excuses à tous tes agissements inadéquats.
- Je suis incapable de te dire les choses que je ressens au fur et à mesure, malgré ton intelligence, tu ne t'en rends pas compte.
- Tu n'es même pas capable de comprendre combien je souffre ! J'ai essayé de t'expliquer, je vois bien que c'est inutile.
- J'ai un grand traumatisme d'abandon à cause de votre (là on est deux !) incapacité à assumer réellement.
- Je ne me souviens de rien, à part quand nous devions aller acheter vos (là aussi !) cigarettes au kiosque.
- Tu nous as envoyées dans une famille d'accueil parce que nous étions un fardeau pour toi !
- Le seul miroir que j'accepte en face de toi c'est celui de mon rôle de

mère que j'ai négligé à un moment de ma vie !

- Sur le nombre de mes années, je ne trouve que deux ou trois ans où je me suis sentie comprise, quand j'ai pu me reposer sur toi après mon divorce.

- Je n'ai aucune confiance en toi, quand tu as ma fille en vacances, je ne suis pas tranquille.

- Je ne connais rien de ton enfance et de ta jeunesse, j'ai réalisé cela en essayant de comprendre pourquoi tu étais si nulle en mère !

- Tu nous as donné de l'argent de poche pour ne pas te sentir coupable de vivre ta vie de femme !

- Tu es malhonnête et tu tentes toujours de profiter de nous, tes filles.

- Tu fais la morte pour après mieux pouvoir venir te plaindre de nous.

- Tu ne vas pas avouer tout ce que tu as fait de faux, tu te contentes de dire que tu as fait de ton mieux !

- Tu es une pure égoïste.

- Je suis en thérapie. Parler des choses négatives par rapport à toi, j'ai pu le faire, mais pour le positif, je n'ai rien trouvé !

- J'ai dit ce que j'avais sur le cœur dans les grandes lignes, il y aurait encore beaucoup de détails, mais je vais y renoncer.

Caroline a mis le paquet. Elle doit vraiment être très mal avec toute cette haine, parce qu'on peut bien parler de haine, il paraît que c'est si proche de l'amour.

Et l'éternel miroir dirait que Caroline s'aime comme elle aime sa mère, alors imaginez comme cela doit être inconfortable.

Et Angélique est terriblement désolée de ce qui arrive.

Elle se sent tellement impuissante ! Il faudrait qu'elle sache être mère avant d'avoir fini d'apprendre à être la fille de sa mère, à exister en face de sa mère !

Et la voilà, avec sa douleur. Ça fait très mal. Elle descend dans l'abîme. Et les pensées affluent :

- qu'est-ce que j'ai fait au bon Dieu pour qu'elle me déteste pareillement ?
- c'est injuste, moi qui les ai élevées seule, tout en travaillant,
- à quoi bon avoir des enfants, pour en arriver là ?
- la vie est vraiment trop injuste.

Elle arrête là ses jérémiades, ce comportement de victime qu'elle détecte chez sa fille et qu'elle apprécie moyennement chez elle. Telle mère, telle fille !

Il faudra pourtant bien qu'elle s'aime aussi comme victime, pour commencer à ne plus l'être.

Elle se pose l'éternelle question :

- miroir, ô mon miroir, de quoi me parles-tu ?

Et là, la pièce est tombée ! La lumière s'est allumée !

Dire que ça fait des semaines qu'elle fait la même chose avec sa mère qui se prénomme Séraphine... Heureusement, elle ne lui a pas envoyé la lettre qu'elle avait écrite. Elle réalise aujourd'hui le mal qu'elle aurait pu lui faire, même si elle considère que chacun est responsable de ses souffrances, elle se dit qu'il est aussi important de laisser à chacun le loisir de les soigner à sa manière et à son rythme.

Angélique a compris dans ses tripes.

Elle a compris dans son cœur.

Elle a compris que comme elle, sa mère avait fait de son mieux.

Elle a compris combien sa mère l'aime.

Elle a compris que, encore aujourd'hui, lorsque sa mère lui lance telle ou telle réflexion qui la touche, c'est pour lui montrer ce qu'elle n'a pas encore guéri, les endroits où elle est vulnérable, où elle a à regarder.

Séraphine ne se rend peut-être pas toujours compte des conséquences de ses paroles, du pouvoir qu'elle a encore sur elle.

Et surtout elle a compris le message de la vie. La loi du retour en instantané : ce qu'elle fait à sa mère, sa fille le lui fait.

Et même si Angélique n'a pas envoyé la lettre, dans l'invisible les choses se sentent, surtout entre une mère et une fille où un important lien fusionnel existe très souvent.

Elle se souvient aussi du triangle, du fameux triangle miroir : je m'aime comme j'aime les autres, les autres m'aiment comme je m'aime.

Elle a un sacré manque d'amour pour elle-même ! Elle se fait la promesse que dès à présent, elle va s'aimer davantage, s'accepter comme elle est, se donner le droit d'avoir vécu ce qu'elle a vécu, sans se taper sur la tête.

Et elle fait le vœu qu'avec le temps, ça déteindra aussi sur Caroline, elle en a autant besoin qu'elle, visiblement.

Angélique a compris combien sa fille souffre.

Elle a compris que derrière toutes ces accusations, il y a surtout un mal de vivre, un manque de mère !

Et là, pour l'instant, elle n'est pas capable de faire mieux que de déloger les blessures, les souffrances qu'elle a vécues pour tenter de rompre le cycle infernal des femmes de sa famille.

Elle souhaite du fond du cœur être un jour la mère que sa fille désire. A la garde de Dieu comme disait son père.

Sa mère

Mais commençons par le commencement, sa mère.

Séraphine est ce que l'on appellerait une sacrée bonne femme, intelligente, vive d'esprit, volontaire, patiente, persévérante, qui a mené sa vie là où elle voulait la mener, qui a agi, rarement réagi.

Petite fille, Angélique doit avoir sept ou huit ans, elle se souvient d'un moment où elle est avec sa mère dans sa chambre à coucher. Il y a sur la commode en bois de noyer une pièce de verre où sont posés une boîte à bijoux, une brosse à cheveux, des gants de feutrine ...

Elle adore rester auprès de Séraphine et la regarder mettre ses gants pour enfiler ses bas, glisser sur son corps une combinaison avant de revêtir une de ses merveilleuses robes du dimanche. Sa mère s'approche ensuite de la coiffeuse, se met de la poudre sur le nez, un peu de noir sur les sourcils, du rouge sur les lèvres. Elle se parfume. Elle sent bon. Et puis, les chaussures, elles font rêver Angélique, les chaussures. D'ailleurs, quand sa mère est partie, elle essaie, souvent, longtemps, elle essaie encore... ses chaussures. Séraphine en prend tellement soin, elle garde les boîtes et une fois portées, ses chaussures font l'objet d'un nettoyage minutieux avant de retourner dans leur boîte. Enfin, le manteau et le foulard, sa mère ne sort jamais sans foulard, les gants en hiver et elle s'en va.

Un modèle comme ça, admettez que pour devenir femme, l'affaire a bien pu ne pas être simple.

Séraphine a eu huit enfants. Si chacun d'eux faisait sa description personnelle, il semblerait qu'il s'agit chaque fois d'une mère différente, puisque chacun en parle selon ce qu'il a vécu durant l'enfance et que chacun est un exemplaire unique.

Admettons que nous sommes venus sur terre uniquement dans le but d'évoluer, donc de dépasser nos peurs, de guérir les blessures de notre âme. Admettons aussi qu'il existe cinq blessures principales de l'âme : l'abandon, le rejet, la trahison, l'injustice et l'humiliation.

Admettons encore que pour être en situation de guérir quelque chose, il faut un révélateur, pour réaliser que la peur ou la blessure existe.

Admettons finalement que les deux premiers révélateurs de nos blessures sont notre père et notre mère.

Ainsi, Séraphine a accepté, en ayant mis au monde huit enfants, d'être le révélateur d'autant d'âmes ! Quel travail !

Et si nous avions une seule chose à apprendre sur terre, ce serait d'être en paix avec notre mère

La boîte de Pandore

Mais qu'est-ce qui a mis Angélique dans une pareille colère contre sa mère ? C'est un livre de poésie qu'elle a publié qui a mis comme on dirait le feu aux poudres.

Une centaine de pages de poésie composent ce livre. Il y a du bucolique, quelques petites nouvelles, mais surtout de la poésie empreinte de sensualité. Et bien sa mère n'a pas apprécié du tout. Mais qu'est-ce qui lui a pris d'offrir ce livre à sa mère avant de le mettre en vente ? Elle voulait avoir sa bénédiction, qu'elle lui dise qu'elle était intelligente, créative, qu'elle avait du talent, que sa poésie était géniale, qu'elle avait beaucoup apprécié. Certainement.

Et la réaction avait été le contraire de ce qu'elle espérait. Sa mère a complètement rejeté sa poésie, surtout celle qui fait selon elle, étalage de sa sexualité !

Ce n'est pas tout, elle a tellement peu aimé qu'elle en a fait une affaire d'état, enfin une affaire de famille. Le téléphone arabe a bien fonctionné.

Et bien, Angélique s'est sentie, pour résumer grossièrement, comme passée dans les toilettes, l'eau tirée.

C'est insensé, vous en conviendrez, de se sentir aussi nulle, simplement parce que sa mère n'approuve pas ses créations.

Le bon côté, c'est que ça lui a permis d'ouvrir la boîte de Pandore.

D'abord, Angélique s'est retrouvée à huit ou neuf ans. Elle est dans la cuisine, tout le monde est parti à la messe. Elle est seule dans cette grande maison. Il va falloir qu'elle travaille à deux cents à l'heure pour tout ranger et préparer la table. Dans deux ou trois heures, la famille revient. D'abord, vider les bassines et enlever à force de frotter les résidus de savon et de crasse qui collent tout autour. Il n'y avait pas de salle de bain, alors chacun y allait de sa bassine.

Ensuite s'occuper de ces montagnes de vêtements sales, restés là, puant encore l'étable et l'odeur des vaches. La table aussi est envahie des restes du repas que la famille avait pris le matin : laver la table, laver la vaisselle et la ranger dans les armoires. Il n'y avait pas de lave-vaisselle dans les années soixante. Et puis s'activer à préparer les derniers légumes ou la salade pour le repas de midi.

Le seul désir d'Angélique est d'arriver à tout faire avant qu'ils ne reviennent. Elle marche mieux à la carotte qu'au coup de bâton, il suffit que ses parents lui disent qu'elle a bien fait, qu'elle est une fille travailleuse, aidant bien sa maman, pour qu'elle soit heureuse...

Et vous savez le comble de l'histoire : une de ses sœurs lui a longtemps reproché de n'avoir jamais rien fait durant son enfance.

Il est vrai qu'à partir de treize ans, Angélique est partie à l'école secondaire. Elle n'a plus eu beaucoup de temps pour travailler à la maison. C'est sa sœur Dolores, avec ses années de moins, qui a pris le relais.

Si vous ne l'avez pas vécu, vous ne pouvez pas imaginer ce qui se passe dans une fratrie. Sa sœur est la cheffe d'un clan de cinq. La famille d'Angélique est composée de huit enfants, quatre filles et quatre garçons. L'aîné est un garçon, il lui fallait bien cela pour régler un autre problème, vous le verrez plus tard. Elle est la deuxième.

Vient ensuite le groupe de cinq frères et sœurs dont Dolores est la cheffe incontestée. Encore aujourd'hui d'ailleurs, il suffit que cette fratrie se retrouve pour que la magie opère, que ces fonctionnements d'enfants se réactivent. Quelques années plus tard, Angélique a vu arriver un dernier petit frère.

Elle a longtemps cherché d'où lui venait un très profond sentiment de solitude, elle l'a compris un jour, en faisant une régression.

Malgré cette grande famille, elle s'est souvent sentie seule, rejetée de la fratrie parce qu'elle était la fille de tous les superlatifs...

Mais revenons à sa boîte de Pandore. Là, elle a senti sourdre au fond d'elle une colère, une rage profonde :

- Ce n'est pas juste, pourquoi est-ce moi, une petite fille, qui doit faire cela ?

Angélique se retrouve à huit ou neuf ans et elle est en colère, elle est enragée même. De l'impuissance aussi, comment aurait-elle osé aller à l'encontre des ordres de deux adultes, son père et sa mère. De la colère contre elle-même :

- Ils t'ont bien eue, tu marchais à la carotte, ils l'ont bien compris... ils t'en remettaient une couche chaque fois que c'est nécessaire.

Soudain, une grande tristesse. Et puis de la compassion, de l'empathie, un amour quasi maternel pour cette petite fille restée coincée dans le passé.

Mais sa mère n'était-elle pas l'aînée de la famille ?

Aurait-elle vécu la même chose ? Il faudra un jour qu'elle lui pose la question.

Une autre visite dans le temps. C'est l'été, les vacances normalement, mais Angélique déteste les vacances. Elle trouve très injuste de devoir travailler le plus durement durant les vacances. Les autres enfants, au village, s'amusent durant deux mois et chez elle, on travaille.

Elle tire un râteau en fer qui est aussi large qu'elle est longue. Elle a l'impression que ça pèse une tonne. Elle suit le tracteur qui tire une auto-chargeuse. Quand les dents du système qui ramasse le foin sont réglées assez bas, il y a peu de restes de foin, derrière la machine. Mais parfois, comme si c'était fait exprès, le système est réglé plus haut. Alors au bout de trois mètres, le gros râteau est plein et il faut le vider sur les lignes d'à côté.

Elle fait cela avec son frère aîné Victor. Ce jour-là, elle trouve le râteau plus lourd que les autres jours. elle voit son père, éternellement au volant de son tracteur favori. Et là encore, elle trouve cela très injuste, elle la petite fille, de devoir travailler ardemment alors que lui est assis. Et elle lance à son frère :

- Quel flemmard, tu te rends compte, toute la journée sur son tracteur et nous on doit travailler si dur !

Victor n'a rien dit. Le soir au souper, le père, comme il sait si bien le faire, félicite et remercie chacun pour son aide précieuse.

- Bravo Angélique, tu es une fille très travailleuse et gentille !
- Pas si gentille que ça, rétorque sa mère... elle t'a traité de flemmard !

Ô Seigneur, elle se souvient avec précision de ce moment. Là, elle aurait voulu être une petite souris, disparaître dans un trou. Ainsi Victor avait cafeté à sa mère. Mais pourquoi Séraphine a-t-elle fait cela ? Pourquoi a-t-elle rapporté à son mari ce qu'avait dit Angélique ? Trahie par son frère, trahie par sa mère, elle est humiliée jusque dans ses tripes.

Et la honte monte, la honte dans tout son être. Elle décide qu'elle ne peut pas faire confiance, ni à sa mère, ni à son frère...

C'est à cette époque qu'elle a commencé à adorer aller se réfugier dans un coin. Il y avait une armoire frigorifique placée à trente centimètres du mur dans un angle de la cuisine et c'est là qu'était placé le balai, entre le frigo et le mur. Et bien Angélique allait se cacher derrière le balai pour pleurer, quand elle se sentait seule ou quand elle avait peur d'être disputée pour quelque chose qu'elle avait fait ou n'avait pas fait. Elle était ainsi protégée de tous les côtés, recroquevillée sur elle-même, éloignée du monde.

Quand tout le monde était joyeux, elle se sentait bien, sa vie était belle. Mais sitôt qu'une dispute entre son père et sa mère avait eu lieu, ils pouvaient se bouder durant plusieurs jours, alors chacun des enfants savait qu'il fallait marcher droit, sous peine de sévères conséquences.

Ça a été son exemple, quand la femme n'est pas d'accord ou quand elle n'est pas satisfaite, elle fait la gueule, elle reste sur ses positions. C'était à qui résistait le plus longtemps, à qui avait l'égo le plus fort... elle ne connaissait pas les secrets d'alcôve, elle ne sait pas aujourd'hui même lequel de ses deux parents boudait le plus longtemps.

Le modèle de Séraphine ressemblait étrangement à cela aussi. Sa grand-mère était froide et distante avec son grand-père.

C'est depuis là qu'elle s'est habituée à mesurer la qualité de l'humeur de son père et de sa mère. Elle est devenue experte dans le domaine, son plexus solaire ouvert et capable de détecter en une fraction de seconde un imperceptible signe de mauvaise humeur, de mécontentement.

Elle est devenue fusionnelle, son bien-être, son harmonie intérieure dépendant à chaque instant de l'état de l'humeur de son entourage.

Un tel comportement a débouché sur une insécurité affective intérieure profonde. Imaginez à quel point l'exercice était difficile : pour se sentir en sécurité, il fallait que tous les êtres qui se trouvaient autour d'elle se sentent bien. Exercice impossible vous en conviendrez.

Quand Angélique a découvert cela, dans un atelier de développement personnel, ça a été un tel soulagement ! Elle a commencé à gérer son plexus solaire, à se protéger des états d'âme des gens qui l'entourent. Lorsqu'elle le décide, elle s'ouvre aux personnes qu'elle côtoie, mais lorsqu'elle reçoit des signaux de mal être, de peurs, elle imagine deux grandes portes en béton devant sa poitrine et elle les ferme, puis dans son esprit, elle s'entoure complètement de belle lumière blanche brillante. Et ça fonctionne.

D'un autre côté, c'est cela qui lui a permis de faire de la relation d'aide. Lorsqu'elle a une personne en face d'elle, elle s'ouvre et ainsi reçoit des signaux qui lui donnent des indices sur la problématique de la personne. Cela se passe dans l'invisible. C'est un outil extraordinaire et c'est certainement grâce à son enfance qu'elle a développé cette capacité. On peut dire qu'aujourd'hui qu'elle a transformé une faiblesse en force, en outil de travail !

Angélique se demande si sa mère a elle aussi vécu dans cette insécurité affective et ainsi développé cette capacité d'être fusionnelle. Elle se demande si sa mère aussi a eu ce sentiment d'être trahie par sa propre mère ?

Quoi d'autre dans cette boîte ?

Angélique adorait l'école, elle a toujours aimé apprendre. Mais voilà, elle était investie d'un rôle, il paraît qu'elle l'avait choisi avant de venir sur terre, quelle idée elle a eue là ! le rôle d'exemple :

- Tu es la première, tu dois montrer l'exemple.
- Tu es la première fille de la famille, tu dois remplacer ta mère.

Bien sûr, il y avait de gros avantages. Qui portait un manteau neuf chaque année, c'était elle. Et il n'y avait pas que le manteau. Ça lui plaisait bien pour cette raison-là d'être la première fille.

Avec du recul, elle peut comprendre la jalousie de ses trois sœurs, surtout Dolores.

Caroline a raison quand elle dit que sa mère est une égoïste. Elle ne s'inquiétait pas de voir qu'elle était jalousée, elle était fière de porter de beaux vêtements neufs, un point c'est tout.

Vous connaissez l'histoire d'Osiris et de Seth, de la mythologie égyptienne ? Il existe à ce sujet un livre de Guy Corneau "Victime des autres, bourreau de soi-même". En s'appuyant sur ce mythe, il nous montre que nous sommes généralement nos propres bourreaux.

Mais revenons à Osiris. Il réussit, avec persuasion, raison et charme à attirer vers lui un grand nombre d'hommes. Il était aimé, admiré, reconnu.

Il ne vit pas que son frère Seth le jalousait. Un jour, son frère fit une fête en son honneur. Il fit faire un coffre magnifique à la mesure exacte d'Osiris. Il promit de l'offrir à celui qui s'y coucherait et à qui il irait exactement. Osiris se coucha dans le coffre où il fut enfermé puis jeté à la mer.

Cela pour dire que dans une situation, nous sommes toujours au moins deux concernés par ce qui se passe.

Angélique adorait l'école. Mais elle devait manquer souvent. Sa mère allait chez le coiffeur, elle manquait l'école. Sa mère allait chez le médecin, elle manquait l'école. Sa mère était malade, elle manquait l'école.

Elle voit encore sa mère, blanche, livide. Elle a fait une énième crise de foie. Elle voit bien que Séraphine est malade. Mais ce n'est quand même pas de sa faute. Sa mère remarque sa colère de devoir manquer l'école. Et elle fait ce qu'Angélique déteste le plus, elle la fait culpabiliser :

- Tu te rends compte comme tu es méchante, je suis malade comme un chien et toi tu ne veux pas m'aider !
- Tu ne penses qu'à toi, tu ne m'aimes pas !

Ça c'était l'argument le plus terrible : tu ne veux pas faire comme je te dis, donc tu ne m'aimes pas ! Imaginez le résultat sur la petite fille qu'elle était.

Et elle se retrouve avec cet immense sentiment de rage, d'injustice, d'impuissance encore une fois.

- Ce n'est quand même pas moi la mère, pourquoi c'est moi qui dois la faire...
- Pourquoi ma mère est-elle si souvent malade, ce n'est pas juste !

Elle est de nouveau coincée, avec sa culpabilité de n'avoir pas envie de remplacer sa mère et sa colère parce qu'elle doit le faire contre son gré.

Et de nouveau, elle console la petite Angélique, elle la rassure, elle lui dit que maintenant elle va s'occuper d'elle, elle va l'aimer avec sa culpabilité et sa colère, elle va la bercer chaque jour dans une chaise basculante, et petit à petit elle va la ramener au présent.

Angélique se demande si Séraphine, sa mère, a consolé sa petite fille intérieure d'avoir dû elle aussi, puisqu'ils étaient nombreux, puisqu'elle était l'aînée, d'avoir dû remplacer sa maman et de l'avoir entendue lui dire :

- Tu es une égoïste, tu es méchante, tu ne penses qu'à toi alors que moi je suis enfermée ici à longueur d'année, tu ne m'aimes pas !

Et Angélique pense à sa mère et lui dit :

- Tu n'as pas aimé cela maman, je le sais. Comme je te comprends !

La boîte est loin d'être vide...

Quand Angélique avait dix-sept ou dix-huit ans, elle tenait un petit journal en prenant des notes dans son agenda. Elle avait appris la sténographie et se croyait ainsi complètement libre d'écrire ce que bon lui semblait.

C'est vers cet âge-là qu'un jour elle a perdu sa virginité. Nous en reparlerons plus loin. Et elle a noté en style télégraphique et sténographique ce qui lui était arrivé.

Sa sœur Dolores, toujours elle, était en train d'apprendre elle aussi la sténographie. Comment elle a eu le carnet dans les mains, Angélique ne s'en souvient pas. Elle le gardait pourtant dans son sac à main. Et devinez ce que la traîtresse a fait : elle est allée lire les notes à sa mère qui, avec sa perspicacité, a vite compris de quoi il s'agissait.

Et ça a fait le tour de la famille. A cette époque là, c'était une honte, encore elle, de perdre sa virginité avant le mariage...

Une nouvelle fois, Angélique a eu ce mal à tout son être, ce sentiment de n'être pas grand chose et d'être seule au monde, puisque sa mère et sa sœur se liguaient contre elle.

Angélique se console.

- Viens dans mes bras ma grande, ne t'inquiète pas, tu as de la valeur, tu es une bonne personne.

Elle est là aujourd'hui, du haut de son âge de grand-mère, en train de donner à cette jeune femme la compréhension, la complicité, l'amour dont elle a manqué, il y a si longtemps.

Et Angélique parle à sa mère :

- Maman, avais-tu une connivence avec tes frères et sœurs ? Et avec ta mère ?

- Ou étais-tu tellement occupée à montrer l'exemple que tu n'as pas eu vraiment le temps d'être une enfant ! On dit que l'histoire se répète !

Puis, dans la boîte, il y a l'histoire la plus difficile : le conseiller conjugal.

Dolores téléphone un jour à Angélique.

- Papa ne va pas bien, il faut faire quelque chose. Quand il est à l'hôpital, il est joyeux, il plaisante avec les infirmières, mais sitôt qu'il rentre à la maison, il se met à déprimer. Il n'est pas heureux. Il dépérit à vue d'œil.

Angélique n'a pas pris, il est vrai, le temps d'aller vérifier, elle habitait un autre canton. Alors elle lui a fait confiance.

- Et qu'est-ce que tu proposes ?

- Et bien j'ai parlé avec les médecins de la situation et ils pensent et sont d'accord avec moi pour dire qu'un conseiller conjugal pourrait aider papa et maman à regarder ce qui se passe pour résoudre ce problème.

- Et bien si tu penses que c'est la solution, d'accord, tu as ma bénédiction.

Grave erreur ! C'était sans compter avec Séraphine. Un conseiller conjugal ? Ça a été une affront énorme pour elle.

Très fière de sa personne, elle a vu cela comme une ingérence dans son couple, comme une accusation d'incapacité de gérer les problèmes avec son mari, comme un jugement inacceptable de la part de ses filles ! Après quarante ans de mariage, se voir proposer un conseiller conjugal, mais de quel droit ?

La sentence a été terrible : Personæ non gratæ.

Depuis ce jour, Angélique et ses soeurs n'ont plus été bienvenues à la maison, puisque Séraphine avait demandé à son mari de choisir entre elle et ses filles.

Imaginez le père d'Angélique devant ce choix qui n'en était pas vraiment un. Marié pour le meilleur et pour le pire, il l'était depuis quarante ans, il allait continuer à l'être.

Ce sont les frères qui ont gagné en amour maternel et en qualité d'accueil à la maison. Séraphine n'avait plus de filles, mais elle avait quatre fils.

Les garçons n'ont pas eu cette propension à vouloir sauver la situation. Ils se sont dit naturellement, ce ne sont pas nos oignons, laissons-les trouver une solution ensemble.

L'intention des filles était bonne, mais il paraît que l'enfer est pavé de bonnes intentions !

Quelques mois plus tard, elles sont rappelées à la maison, le père est malade. Il n'en a plus pour longtemps.

Angélique était tellement mal qu'elle n'osait même pas sentir, réfugiée dans un masque de rigidité, s'interdisant d'aller voir au fond de l'âme toute la tristesse, toute la culpabilité, toute l'impuissance qui s'y trouvaient. Elle commençait à avoir mal physiquement, sans savoir exactement où, tellement les blessures de l'âme la faisaient souffrir. Et porter les masques de force devenait de plus en plus pénible.

Faire comme si elle n'avait pas mal.

Faire comme si tout cela ne la touchait même pas.

Faire comme si rien ne s'était passé.

Elle sentait petit à petit l'édifice commencer à se fendre par endroits.

Angélique est là, aujourd'hui, et ce fardeau, elle le prend. Quand la blessure est ouverte, il faut en profiter pour la laver, pour la soigner, pour amener les ingrédients qui vont permettre d'envisager une guérison.

De la colère, beaucoup de colère monte en elle. Pourquoi sa mère a-t-elle agi ainsi ? Rejetée, elle est rejetée par sa mère, elle qui l'admirait tellement, elle qui l'aimait tellement, elle s'est vue sacrifiée sans se poser de questions. De plus elle l'a éloignée de son père.

De l'impuissance devant ce jugement sans appel ! Incapable, nulle devant cette mère toute puissante qui a droit d'exister ou de ne pas exister sur sa progéniture.

Et puis soudain, monte une autre colère, de la colère contre elle-même ! Mais pourquoi a-t-elle laissé faire cela ? Pourquoi n'est-elle pas allée à la maison s'expliquer, dire qu'elle n'était pas d'accord, qu'elle trouvait cela injuste, qu'elle les aimait et qu'elle souffrait de se sentir rejetée de la sorte.

Finalement, c'est de la tristesse, de celle qui vous transperce, qui vous refroidit tout le corps, qui vous fait zoner dans des espaces quasiment vides.

Et de nouveau, Angélique la prend dans ses bras, cette femme pas encore cicatrisée ! Elle lui promet de l'aider, elle la thérapeute, à soigner cette blessure, à accepter de n'avoir pas osé ou pas voulu aller parler, à accepter d'avoir choisi tant de rigidité, tant de dureté envers elle, parce qu'elle ne pouvait pas faire autrement sur le moment.

Sa jeune femme intérieure se calme, elle se console, elle commence à se pardonner d'avoir été si dure, d'avoir tellement manqué d'amour pour elle-même.

Angélique lui passe une musique apaisante. Elle lui caresse la joue. Elle l'aime cette femme qui a été si courageuse, qui a lutté pour garder la tête hors de l'eau.

Elles sont en train de fusionner toutes les deux, cette période de la vie d'Angélique restera un souvenir, la cicatrice laissée ne la fera plus souffrir.

Elle parle à Séraphine :
- Là maman, je dois t'avouer que ça a été l'événement le plus difficile.
- Tu en as certainement vécu des situations difficiles vis-à-vis de ta mère ?
- Je me souviens que tu allais peu la voir, c'est grand-père qui te rendait visite souvent à la maison.
- Je me permets d'en déduire que la complicité avec ta mère n'a pas été là tous les jours !

La mère de sa mère

Puisque l'éternel modèle, pour ce qui concerne la relation mère-fille, le maillon dans la chaîne des générations, c'est la mère, faisons un petit voyage dans le temps et allons dire bonjour à la grand-mère d'Angélique.

Elle s'appelait Louise, c'est le troisième prénom d'Angélique. Oui, il était coutume, dans les années soixante, de donner à la première fille de la famille après un prénom nouveau, les prénoms des grands-mères. Ainsi elle se prénomme Angélique Angèle Louise. Symboliquement, ça fait du monde. Pas étonnant qu'aujourd'hui elle se sente investie du devoir, de la mission même de réconcilier les femmes entre elles. Qui a dit que rien n'arrive jamais par hasard ?

Louise, sa grand-mère maternelle est née au début du vingtième siècle.

Elle a passé une septantaine d'années d'une vie de devoir, d'abnégation et de dévotion.

Elle a mis au monde sept enfants, Séraphine est l'aînée comme Angélique est l'aînée des filles, il lui fallait bien un frère avant elle pour travailler sa relation au masculin, mais ceci est une autre histoire. Pour le moment, il s'agit des relations entre les femmes de la famille.

Angélique se souvient des vacances chez sa grand-mère, de vraies vacances. On n'allait pas au bord de la mer. On allait parfois à la montagne. En vacances, on allait chez quelqu'un, chez une tante, un oncle et surtout chez la grand-mère.

Pourquoi de vraies vacances, parce que rester à la maison, c'était du travail, encore du travail, toujours du travail. Tandis que vivre quelques jours chez la grand-mère, c'était ne rien faire, ou pas grand chose.

Monter sur la plus haute branche d'un des nombreux cerisiers, se prendre pour un oiseau, fermer les yeux, voler un moment dans le ciel, puis manger des cerises jusqu'à en avoir le ventre gonflé... sans oublier de se décorer les oreilles de deux des plus belles cerises de chaque côté et de se prendre pour une femme espagnole qui danse le flamenco.

On savait qu'il ne fallait pas boire d'eau après, mais on ne savait pas pourquoi. Mieux vaut éviter, elles font gonfler la cellulose qui fait office d'éponge dans l'estomac et l'intestin grêle et peuvent provoquer de sérieux troubles gastriques.

Descendre dans le jardin potager, il y avait des groseilles de la grosseur d'un raisin d'Italie, et quand on croquait dedans, c'était doux et en même temps un peu acidulé, des groseilles à maquereau.

Devant la maison, un immense bassin où l'eau coulait toujours d'un tuyau et permettait d'abreuver les bêtes quand elles sortaient de l'étable.

C'est là que l'été, quand il faisait très chaud, ils se retrouvaient parfois plusieurs cousins et ils s'éclaboussaient après des courses folles, des bousculades, pour finir par des éclats de rire en se roulant dans l'herbe.

Comme tous les enfants, Angélique préférait être en vacances chez la grand-mère à deux ou trois pour passer de longs moments à jouer, à découvrir des coins secrets dans la grange, le poulailler, le garage à machines, la remise, sans parler de toutes les cachettes au pied ou dans les arbres, derrière des arbustes ou plus loin derrière la haie.

Il y avait, quelque deux cents mètres en-dessous de la maison, un endroit un peu humide où vivaient des grenouilles. Un jour, les cousins ont décidé d'en capturer une. Elle s'est bien défendue, mais finalement ils l'ont attrapée et ont joué un moment avec, la trouvant fort sympathique.

Quand le grand-père est rentré et qu'il a vu la bête qui n'était pas aussi grosse qu'un bœuf mais de belle taille tout de même, sans demander son reste, il lui a arraché les deux pattes arrière et l'a laissée repartir...

Quelle horreur, Angélique en a encore la chair de poule. Et le pire ça a été de les voir dans l'assiette du grand père, le soir au souper.

Mais revenons à grand-mère Louise. Elle priait beaucoup. Toujours habillée en sombre, elle était petite, mince, elle gardait toujours cet air sérieux, voire sévère des gens très croyants de l'époque.

Elle embrassait ses petits-enfants, de temps en temps, mais les souvenirs d'Angélique sont ceux de ses papilles gustatives... Oui, la gourmande en elle se souvient de deux choses. La première, les œufs à la coque que Louise lui faisait parfois pour le souper, et le moment où elle trempait un morceau de pain, rompu pour cela, dans le jaune tout coulant. La deuxième chose, c'était dans une simple sous-tasse, un peu de vin cuit - jus de pommes ou de poires cuit durant plus de vingt-quatre heures et qui finit par devenir épais - avec de la crème qu'elle prélevait directement sur l'écuelle où était gardé le lait.

Bien agréables, ces vacances chez sa grand-mère...

Par contre elle a toujours eu le vague sentiment que sa grand-mère n'appréciait pas vraiment la gouaille, le franc-parler, la répartie de son père.

Moment de honte de Séraphine, lorsqu'elle arrivait avec sa grande famille, pour fêter la Bénichon chez ses parents et qu'elle entendait : voilà Séraphine et sa bande !

C'est pour cela que les visites chez Louise étaient rares, avec toute cette bande et la maison qui n'était pas bien grande.

Mais serait-ce aussi que le lien fusionnel entre Séraphine et Louise devait grincer ?

Angélique :
- Dis maman ?

Nota bene : La Bénichon

La Bénichon est une fête traditionnelle fribourgeoise qui a traversé les siècles.

A l'origine, cette fête était celle de la bénédiction : remerciements aux dieux - origine païenne - de tout ce que la Nature avait donné et que l'on avait récolté durant l'année.

Au fil des siècles, la cérémonie religieuse a disparu, seule la fête populaire et gastronomique est restée...

On mange durant des heures : cuchaule, moutarde de Bénichon, bouillon, jambon à la borne, gigot d'agneau accompagné de poires à botzi, meringues, bricelets, tarte au vin cuit et crème double de Gruyère.

L'homme

La relation à l'homme a été très difficile pour Angélique. Elle est encore et de loin en apprentissage. Elle se demande si toutes les femmes ont autant de difficultés. Elle en doute.

Retour en arrière pour tenter de s'y retrouver.

Dans son souvenir, sa grand-mère Louise n'avait pas ce qu'on appelle une haute opinion de l'homme. Elle a dû aimer son mari puisqu'elle a eu sept enfants de lui.

Il était marchand de bétail, il rôdait sur les routes avec une vieille jeep qu'il avait dû acheter à l'armée suisse. Angélique adorait l'accompagner, assise à l'arrière de ce véhicule rafraîchissant, puisque les bâches qui faisaient office de toit n'empêchaient pas les courants d'air. C'était bien agréable, surtout l'été. Ils allaient voir des paysans pour y acheter des veaux. Elle se souvient que son père et lui se sont fâchés un jour, l'un ne voulant pas laisser ses bêtes au prix que l'autre voulait les payer.

Quand il rentrait d'avoir battu la campagne, Angélique n'a pas le souvenir d'avoir vu sa grand-mère lui tendre les bras.

Il faut dire qu'à cette époque dans le milieu paysan, l'heure n'était pas aux démonstrations publiques. Il fallait savoir se tenir, rester digne. Avec du recul, Angélique se dit que ces êtres ont dû manquer d'amour, d'affection, de caresses, de baisers.

De la froideur, de la raideur, de la sécheresse même, c'est ce qu'il y a dans son souvenir, avec en accompagnement une permanente impression de reproche de ne pas être correct, pourquoi, ça elle l'ignore.

Les enfants comprennent bien mieux les choses que les adultes ne l'imaginent. Angélique aimait sa grand-mère et elle aimait son grand-père, mais elle sentait bien qu'entre eux deux, il y avait de l'électricité dans l'air, un monde d'incompréhensions, de malentendus.

Le modèle de Séraphine a été celui-là, mais visiblement elle n'a pas acheté toute la recette.

- Je ne voulais pas marier un paysan. J'ai épousé ton père parce que je l'aimais et ma foi il était paysan.

Angélique entend encore sa mère dire cela. C'était étrange pour elle de l'entendre.

Séraphine, femme de volonté, intelligente, perspicace, est tombée follement amoureuse de son futur mari lors d'un bal où elle était venue, avec sa sœur, dans le village où il habitait.

Un homme de bientôt trente ans, très bien de sa personne, sachant parler aux femmes, elle est tombée sous le charme. Il était très bon danseur, Angélique le sait puisque c'est lui qui lui a appris les rudiments des danses de salon. Danser le tango avec lui, c'était tout un voyage, il fallait savoir le laisser guider puisqu'au lieu des traditionnels un pas d'un côté et deux pas de l'autre, il vous emmenait parfois à en faire quatre ou six et même plus à la place des deux, tout cela avec élégance et légèreté, c'était divin.

Après cette rencontre, Séraphine qui travaillait dans l'horlogerie dans le Jura suisse n'a pas manqué de lui envoyer une petite carte, pour lui rappeler son bon souvenir. Et de fil en aiguille, enfin si j'ose dire, ils se sont mariés et ont eu beaucoup d'enfants.

Le reste du complexe d'Oedipe d'Angélique lui fait dire encore qu'il avait beaucoup de caractère, qu'il avait un charme fou, qu'il était charismatique à faire envie à beaucoup d'hommes politiques, qu'il aimait communiquer. Avec lui, il se passait toujours quelque chose. Quand ils allaient au bistro, son père s'asseyait toujours à une table où il y avait déjà quelqu'un. Il avait un répertoire de "witz" impressionnant, et même si on avait déjà entendu l'histoire, sa façon de la raconter variait, ce qui fait qu'on était de nouveau pendu à ses lèvres.

Sa mère dirigeait subtilement la manœuvre. A première vue, c'était son père le chef incontesté, mais un deuxième regard, plus subtil, laissait entrevoir que c'est elle qui, finalement, arrivait à ses fins. Au fond, son père connaissait ses propres faiblesses et une femme de poigne, une main de fer dans un gant de velours, c'est ce qu'il lui fallait.

Inconsciemment, Angélique n'a pas approuvé. Elle aimait ce côté gouailleur, amuseur public, séducteur de son père et quand elle voyait sa mère le freiner, lui dire ce qu'il fallait faire, le manipuler parfois, comme beaucoup de femmes faisaient, elle trouvait cela injuste. Elle a beaucoup jugé sa mère, pas étonnant qu'aujourd'hui ses filles la jugent.

Angélique a décidé qu'un homme devait être libre. Ce n'était pas conscient, c'était vouloir faire le contraire de ce que sa mère avait fait.

Sa relation à l'homme, sa relation au masculin, quel chantier !

Victor, son frère d'un an son aîné recevait une éducation de garçon, dans le genre soit grand, fort, généreux, travailleur et tu réussiras dans la vie. Tu es un homme, sois entreprenant, responsable.

De son côté, elle n'était qu'une fille. C'était encore l'époque où on disait :
- Tu n'as pas besoin de faire un apprentissage ou des études, tu vas te marier et avoir des enfants, à quoi bon gaspiller de l'argent pour cela.

Heureusement, respect pour elle, Séraphine a poussé ses enfants à apprendre, à avoir de l'instruction. C'est comme cela qu'Angélique a quand même fait une école rapide de secrétaire-comptable.

Mais quand, à dix-neuf ans, après avoir été dans la vie active durant deux années et avoir réalisé que son niveau de formation n'était pas suffisant pour faire quelque chose qui lui plaisait, elle a demandé à reprendre des études, là la réponse a été :

- Non, il y en a six derrière toi, on ne peut pas.

Elle a bien pu le comprendre. D'ailleurs ça ne l'a pas empêchée d'apprendre plusieurs métiers par la suite.

Mais revenons à ses moutons, non, à sa relation à l'homme.

Il lui reste un peu de ce côté féministe des années septante, où les femmes ont initié ce mouvement qui fait qu'aujourd'hui l'équilibre dans la relation homme-femme est parfois difficile à trouver. C'est comme dans le mouvement du battant de la cloche, il fallait bien aller voir de l'autre côté, pour maintenant revenir au milieu, à quelque chose de réaliste, à une relation où chacun des deux êtres peut exister, dans sa différence, en se souvenant que ce seront toujours les femmes qui feront les enfants et qui les nourriront, c'est dans la nature des choses.

Angélique a eu quelques coups de cœur pour des garçons, à l'école vers l'âge de onze, douze ans, ça a continué à l'école secondaire puis à l'école de secrétaire. Ces coups de cœur sont restés intériorisés, toujours secrets. Elle voyait les autres filles "passer à l'attaque", mais elle était d'une timidité quasi maladive vis-à-vis des garçons.

Devenue une belle jeune fille, elle a été beaucoup courtisée. Elle était le pot de miel, ils étaient les abeilles.

Bizarrement, ceux vers qui elle aurait été attirée ne la courtisaient pas. Elle ne choisissait pas, elle était choisie. Ça fait une différence notable.

Elle n'avait pas, comme sa mère l'avait eue, enfin c'est ce qu'elle croit, cette conscience de sa valeur.

Elle avait plutôt une imperceptible impression de ne pas mériter. C'est aujourd'hui, après avoir gratté durant une vingtaine d'années et fini par atteindre les tréfonds de son âme qu'elle peut mettre des mots sur son sentiment de l'époque de ses seize ans.

A cette époque, elle est tombée amoureuse pour de bon. Il s'appelait Adolphe.

Quand elle est arrivée dans ce village, Angélique s'est engagée dans l'équipe des majorettes de la fanfare de la paroisse. Elle aimait faire la star, être admirée, elle se la pétait comme on dit aujourd'hui. Adolphe lui, jouait du trombone à coulisse. Ça n'est pas arrivé tout de suite. Elle le trouvait très aimable, serviable, discret. Il avait une fiancée, il n'était pas pour elle. Seulement voilà, il surgissait souvent là où elle se trouvait.

Ça a commencé un jour où, le matin elle passe vers lui pour lui laisser son vélomoteur - il était garagiste - lui disant qu'elle rentrerait plus tard, un train d'après, qu'il veuille bien le laisser devant la porte de son garage. Le train d'après en question, il est venu l'attendre à la gare de départ. Ils sont allés se promener, puis en boîte. Elle se souvient même que le gérant de la boîte lui a dit qu'elle était trop jeune pour ce genre d'établissement et qu'il a répondu qu'ils s'en iraient bientôt.

Depuis ce jour, son cœur a battu pour lui. Il savait si bien l'embrasser. Elle était au paradis lorsqu'il était auprès d'elle. Mais il était toujours fiancé.

Ils étaient une équipe de trois filles et trois garçons qui passaient leurs fins de semaine ensemble à faire des virées dans les décapotables MG, MGB, des garçons. Ils passaient du bon temps. Angélique se souvient même d'un jour où, les clés étant restées au contact, elle s'était permis d'aller faire un tour dans un village avec une amie. Mais oui, elle avait déjà conduit plusieurs fois le tracteur, ce n'était pas tellement différent. Eh bien Léon, le propriétaire de la voiture qui était un homme doux d'habitude, s'est mis dans une colère noire. Là, elle a réalisé qu'elle devait avoir fait une bêtise. Elle avait un côté candide, pour ne pas dire naïf, qui refusait de voir la réalité quand elle ne lui plaisait pas. Il lui en reste peut-être quelque chose.

Eh bien ce cher Adolphe, qui était ami avec les trois garçons, s'organisait avec eux pour savoir où la bande se trouvait et il venait passer le dimanche après-midi, avec sa fiancée, dans l'équipe. Angélique s'imaginait que c'était pour la voir ! Allez savoir !

Un autre dimanche après-midi, elle s'est assise sur un talus au bord de la route, espérant le voir passer, espérant qu'il s'arrêterait pour l'emmener dans sa belle coccinelle jaune, espérant qu'il viendrait demander sa main à son père, espérant qu'il l'épouserait, espérant qu'ils allaient vivre heureux et longtemps et qu'ils auraient beaucoup d'enfants. Il n'a pas passé...

Et puis, ça commençait à se savoir, dans le village, que ce charmant garçon sortait avec deux filles. On critique souvent les musulmans parce qu'ils ont plusieurs femmes. Ils les épousent toutes au moins leurs femmes, tandis que les bons chrétiens en prennent une officielle et laissent les autres dans une situation peu honorable.

Il fallait faire quelque chose. Eh bien la vie a fait quelque chose, ou alors la fiancée !

Angélique a passé une nuit entière avec lui, la voiture arrêtée dans un petit chemin, à lui demander de choisir quelle femme il voulait. Eh bien il n'a pas sorti un mot. Il a attendu que, de guerre lasse, elle sorte de sa voiture et il est parti.

Le lendemain elle a compris. Elle a appris par d'autres que la fiancée d'Adolphe était enceinte et qu'il allait l'épouser.

On dit "malheureuse comme une pierre", Angélique ne sait pas si les pierres sont malheureuses, elle sait combien elle l'a été, durant des années.

Avoir le cœur brisé, elle sait de quoi on parle. Cette envie de s'ouvrir la poitrine pour l'en sortir tellement il fait mal. Cette impression que la vie ne vaut pas la peine d'être vécue. C'était comme si la moitié d'elle-même était morte, l'impression qu'il lui manquait une jambe alors qu'elle marchait.

Et là, encore une fois, ce sourd sentiment de ne pas mériter, de ne pas avoir droit au bonheur, mais pourquoi ? Elle commence juste à pressentir que ce sentiment a commencé il y a longtemps, qu'il existe encore aujourd'hui. Elle ne sait pas encore pourquoi.

La honte, de nouveau :
- Il n'a pas voulu de moi.
- Je suis nulle.
- Je ne suis pas digne d'être aimée.
- Je ne vaux rien !

Et puis il y a eu Joseph le père de ses filles.

Il était beau, délicat, soigné, assidu. Il dansait à merveille, presque aussi bien que son père.

Elle n'a pas su l'aimer. Elle en était incapable.

Lorsqu'elle a commencé, à juste dix-sept ans, à travailler dans une entreprise d'état, Angélique a loué, en contrefaisant la signature de ses parents, un petit studio. Ils n'ont rien dit. Ils on dû penser que c'était mieux ainsi.

La relation avec son père avait commencé à sérieusement se dégrader. Plus il cherchait à la protéger en lui interdisant de rentrer tard, en lui demandant de lui rendre des comptes sur ses sorties, en lui reprochant son comportement destructeur, et plus elle prenait du poil de la bête !

Elle avait très peur de l'affronter, mais elle était encore plus courageuse. Elle avait mal de toute façon, alors ces disputes à répétition avec son père la confortaient dans sa douleur. Elle était déjà un peu masochiste !

Elle a quitté le nid, ne revenant que les fins de semaine. Sitôt que son père commençait à lui faire des reproches, elle repartait, ce qui lui faisait dire :

- Tu devrais arriver à reculons, comme ça tu serais déjà prête pour repartir.

Ça devait être sa manière de lui dire qu'elle lui manquait, qu'il avait peur pour elle, qu'il l'aimait.

Elle ne savait pas qu'elle était en train de changer de bourreau. Aujourd'hui, elle est consciente qu'elle avait choisi le rôle de victime et ainsi qu'en face, il ne pouvait y avoir que le rôle de bourreau. C'est ainsi qu'a commencé une minutieuse destruction intérieure qui a duré de nombreuses années.

Dans son petit studio, elle était libre, enfin elle le croyait. Joseph faisait quatre-vingt kilomètres deux fois par jour pour venir dormir avec elle.

Il avait un caractère impulsif et lorsque les choses n'allaient pas comme il voulait, il faisait du tapage nocturne. Elle devait ensuite régler les problèmes avec le propriétaire.

Habilement, il a su la convaincre de venir habiter sa ville. Pourquoi pas, au point où elle en était. L'homme qu'elle aimait avait épousé ailleurs, son père lui faisait une vie infernale, autant s'éloigner. C'est ce qu'elle a toujours su faire, s'éloigner !

Elle avait loué une chambre meublée. Là aussi, dans cette minuscule chambre où il y avait juste la place pour passer entre le lit et le lavabo, Joseph venait dormir chaque soir.

Elle l'a quitté de nombreuses fois. Un jour, alors qu'elle venait de lui annoncer la nouvelle, il a cassé un verre et s'est ouvert la main. C'était dans un bal. Il est allé ensuite saluer de nombreuses personnes en leur tendant sa main ensanglantée. Il avait un goût prononcé pour les mélodrames.

Il revenait toujours, la suppliant de le reprendre, lui promettant de ne pas recommencer. Recommencer à boire de l'alcool, recommencer à se mettre en colère, recommencer à perdre le contrôle.

Un jour, il a séquestré Angélique dans sa propre chambre. Il est parti en emportant la clé. C'est un collègue de travail qui, connaissant quelques bribes de leur relation, s'est douté de quelque chose. Il a fait le nécessaire pour venir la délivrer.

Sa relation à l'homme, un vrai désastre. Elle n'avait pas vraiment le goût même de vivre, alors prendre conscience que sa relation à l'homme n'allait pas, réaliser qu'elle ne savait plus ce qu'elle voulait vraiment, qu'elle était comme un bateau sans gouvernail, c'était impossible.

De plus, elle avait peur de cet homme. Elle vivait un peu comme à côté de sa vie. Quand il portait la main sur elle, c'était presque un soulagement, elle avait si mal à l'intérieur. Elle se souvient de ce jour où il était tellement en colère qu'il a enroulé la pièce servant à mettre le clignotant autour du volant. Quand ils rentraient d'un bal ou d'une sortie, alcoolisés le plus souvent, elle se couchait sur son siège pour éviter de voir la route et d'avoir peur. Il faut dire que c'est un super conducteur, ils n'ont jamais eu d'accident.

Après trois années de cette relation tumultueuse, Angélique a décidé de vraiment le quitter, de partir en Angleterre. Elle avait vingt ans et la vie devant elle. Elle voulait apprendre l'anglais, puis parfaire son allemand et devenir aiguilleuse du ciel.

Les hommes, ce serait pour plus tard, elle voulait d'abord se faire une place au soleil, se donner les moyens d'avoir une belle vie, de voyager, de connaître le monde. Le mariage, elle l'imaginait plutôt vers trente ans.

Mais, la distance, l'ennui, le changement de vie - passer d'un statut autonome à celui de fille au pair - tout cela n'a pas été aussi facile qu'elle l'avait imaginé.

Joseph n'avait pas renoncé, il était même très assidu. Il lui téléphonait régulièrement, lui disant qu'il l'aimait, qu'il l'attendait. Il lui a semblé qu'elle était quand même attachée à cet homme.

Les patrons anglais d'Angélique avaient une maison en Provence. La famille était venue y passer les vacances de Pâques.

Le corps humain a de ses fonctionnements parfois, ou alors c'est le hasard qui s'en est mêlé. Elle n'était pas habituée aux voyages en avion et son système féminin s'est complètement déréglé. Elle n'a pas eu ses règles durant plusieurs semaines. Elle n'était pas inquiète d'être enceinte, puisqu'elle n'avait pas fait l'amour. Joseph est venu la voir durant trois jours et c'est justement là qu'elle était fertile. Elle est tombée enceinte.

Angélique a habité Londres durant trois mois. Sa patronne lui avait bien proposé un avortement. Mais son éducation, son respect de la vie, un petit côté fataliste, le fait de savoir qu'au fond de son ventre une nouvelle vie avait fleuri, tout cela l'a confortée dans l'idée de se marier, comme Joseph le lui proposait et de devenir mère.

Et Angélique a oublié ses rêves.

Le jour de son mariage a été une suite d'événements désastreux. Le matin, elle est allée avec son père chez le coiffeur. La coiffure ça allait, elle avait des cheveux d'une belle qualité et de simples boules ont eu un bel effet. Mais elle avait demandé une manucure. Et bien le vernis devait être vieux puisque rentrée à la maison, elle a pu recommencer le travail.

Au moment de mettre la robe, catastrophe, elle avait pris un petit ventre et la fermeture éclair n'a pas résisté. C'était trente minutes avant de partir pour l'église. Sa mère était trop occupée pour y faire quelque chose. C'est elle qui a enlevé la robe, sorti une machine à coudre et qui a réparé. Heureusement qu'elle a reçu des dons à la naissance, entre autres celui d'être habile de ses mains. Seulement, il y avait un employé de ses parents dans la pièce à côté. Il se rinçait l'œil de la voir à moitié déshabillée.

Là, Joseph, au lieu de fermer la porte ou de demander au voyeur d'aller voir ailleurs, l'a apostrophée de la plus forte manière. Elle a pensé pour la première fois ce jour-là :

- Je vais m'en aller, je ne peux pas épouser cet homme qui me maltraite pareillement.

Elle a pris une bonne respiration, terminé le travail et remis la robe. Elle pensait au petit être qui grandissait déjà. Elle a joué son rôle de mariée, apprécié les compliments des invités, souri à gauche, souri à droite, accepté ce rôle avec comme une forme de renoncement.

Son mariage a eu lieu avec un quart d'heure de retard. Le reste de la journée s'est assez bien déroulé. Son mari, puisque c'est comme ça qu'il s'appellerait dorénavant, faisait la star lui aussi, il allait parler à gauche, parler à droite, ce qui fait que cette journée, elle l'a passée souvent seule à la table des mariés. Quand elle lui en a fait le reproche, comme à son habitude, il lui a hurlé dessus. Elle est partie aux toilettes pour pleurer un peu. C'est là qu'elle a vu surgir son père, mais oui, dans les toilettes des dames, qui lui a dit :

- Dis-moi ce qu'il t'a fait, tu es malheureuse ma fille, je le sais, alors je vais lui casser la figure.

- Non papa, ce n'est rien, ne t'inquiète pas.

Mais au fond d'elle-même, elle n'en menait pas large. Encore une fois, elle a pris une bonne respiration et est revenue dans la salle des noces.

Au final, au moment de payer le repas, son père et son beau-père sont allés ensemble vers le patron du restaurant. Son père était un marchand dans l'âme. Au moment de sortir quelques mille francs de son portefeuille, il ne pouvait s'empêcher de négocier un rabais, c'était dans sa nature. C'est là que Joseph s'est permis d'intervenir, disant que c'était inconcevable, qu'il n'était pas chez lui, qu'il lui faisait honte d'agir de la sorte. Et voilà que les deux mâles, son père et son mari, étaient prêts à en venir aux mains et que les deux femelles, sa mère et elle, les retenaient. Il avait un sacré culot de s'en prendre à son père alors qu'il ne sortait pas un franc de sa poche. Ça faisait un moment qu'ils avaient une envie réciproque de se battre. Ils ne se sont pas battus.

Mariage étrange.

Et puis Grâce est née. Angélique a aimé être mère, nourrir au sein, s'occuper de l'éducation de cette adorable petite fille. Elle était calme, souriante, facile à vivre. Un beau cadeau de la vie.

Quelques mois plus tard, au milieu d'une embellie dans la relation, Angélique est tombée enceinte une deuxième fois.

Mais l'embellie n'a pas duré. Elle se souvient d'une scène, alors qu'elle était à six mois de grossesse. C'était l'été, un été très chaud. Ils étaient en famille chez son beau-père. Soudain un dialogue s'entame :

- Va chercher mes cigarettes.
- Mais vas-y toi-même.
- Va me chercher mes cigarettes.
- Non, tu n'as qu'à y aller toi-même, je suis enceinte.
- Tu y vas ou ça va mal se passer.
- Non.

Finalement, elle ne se souvient pas qui y était allé. Ce dont elle se souvient, c'est qu'elle a passé une effroyable nuit. Joseph était tellement en colère, elle lui avait désobéi et il avait perdu la face devant les autres. Pour la énième fois, il en est venu aux mains, il ne savait pas se contrôler.

Ce qu'il y a de terrible dans le rôle de victime, c'est le cadeau, ça vous maintient dans ce rôle, c'est comme réparateur de ce qui s'est passé. On peut même dire que ça efface le dommage.

Le processus est tellement destructeur. Après chaque scène où le bourreau en est venu aux mains, il doit réparer. Pour réparer, Joseph était capable de beaucoup. Il se mettait à genoux, il pleurait, il suppliait. Il lui achetait des bijoux, lui ramenait des bouquets de fleurs et il devenait un ange pour plusieurs semaines.

Cette relation victime-bourreau est terriblement néfaste, destructrice. Par contre, ce n'est pas honnête de charger uniquement le bourreau. La victime y est pour quelque chose. Son comportement n'est pas plus honorable. Et dans l'énergie, elle a attiré un bourreau pour lui permettre d'être en situation de guérir ce comportement de victime.

Facile à dire, avec du recul bien évidemment. Pourquoi ? Il a fallu à Angélique vingt ans de vie de femme seule pour réaliser qu'elle avait peur de l'homme, qu'elle était restée la petite fille qui a peur que son père la houspille, ou la jeune femme qui a peur de son mari.

Quand elle a réalisé cela, après la énième rupture, elle s'est fait la promesse de ne pas s'enfuir la prochaine fois.

La vie est bien faite, quelques semaines plus tard, elle commençait une nouvelle relation. Pour la première fois depuis vingt ans, elle vivait à nouveau avec un homme. Et bien la victime est revenue, mais ceci est une autre histoire, plus tard.

Alors elle pardonnait. C'était le père de ses filles.

Angélique et Joseph ont aussi passé par un conseiller conjugal. Ils étaient de grands enfants. Tant qu'ils allaient consulter, leur vie de couple était relativement agréable. Mais sitôt qu'ils étaient livrés à eux-mêmes, c'était reparti pour un tour !

Six ans après leur mariage, ils ont décidé de changer de canton, de changer de métier, un grand chambardement, on peut dire. Joseph était coiffeur. Ils ont repris un salon. Angélique apprenait la coiffure pendant que Joseph tenait déjà le salon.

Ça a été le début de la fin. Voilà où elle en était arrivée.

Angélique repense aux derniers jours :

"Un gros rocher. Oui, c'est vraiment un très gros rocher : cinq six mètres de hauteur qui augmente en direction de la montagne, vers la droite. De l'autre côté, les hommes ont remplacé la suite naturelle du monstre de pierres par un pont.

Une longue ligne droite, environ trois cents mètres, qui permet de prendre de la vitesse, un virage à gauche à trente degrés qui prend fin sous le pont. Au volant de ma voiture, je roule assez vite sur la ligne droite. Je vois le rocher, comme pour la première fois.

Il me fascine. Une fraction de seconde pour me dire mais voilà la solution, tu ne tournes pas le volant et envolés les problèmes, disparues les disputes, éliminées les angoisses existentielles, la fin du tunnel où il n'y a pas de petite lumière qui indique l'autre extrémité, la liberté...

Une autre fraction de seconde et deux petits visages me sourient, perplexes ? Non, non, non. La lutteuse revient. Tu ne vas pas te laisser abattre, abandonner, tu es forte, tu as de la volonté. Arrête tes conneries. Et, comme malgré moi, mes mains font leur travail. Je vire à gauche et passe sous le pont.

Seigneur, j'ai eu envie de me suicider ? La situation est grave. Où est mon instinct de conservation, si présent d'habitude. Comment ai-je fait pour en arriver là ? La mélancolie me guette et je sens chaque jour mes forces diminuer. Il est grand temps de réagir. Un jour l'appel du rocher sera peut-être plus fort, saurai-je lui résister et ne pas succomber à la tentation ?

Un appartement dans une maison vieille d'une trentaine d'années, trois pièces, cuisine, toilettes et salle de bains, nous vivons là, mon mari, mes deux fillettes et moi depuis quelques mois. Nous avons repris un salon de coiffure qui se trouve sous l'appartement. Je rentre, heureuse de retrouver mes petites nanas. Elles courent vers moi et m'embrassent en me serrant fort. Quel bien cela fait...

- Où est papy ?
- Au bistro.

Je respire profondément. Un moment de répit avant l'affrontement devenu quasi quotidien entre nous et en même temps, je ne comprends pas la désinvolture de celui qui a la responsabilité, en attendant que j'aie terminé cette école de coiffure, de faire tourner la boutique.

Pourquoi est-il en train de faire le paon au café du coin alors que des clients pourraient avoir envie de se faire couper les cheveux, un salon de coiffure, c'est quand même fait pour cela.

Pour les gens qui passent devant la vitrine et voient trop souvent l'écriteau " Je reviens dans dix minutes ", les réflexions doivent aller bon train :

- Il n'est jamais là...
- Il ne va pas faire long feu ici...
- Ce n'est pas sérieux, il est toujours au bistro.

Profitant du calme, alors que mes filles jouent derrière la maison, je m'allonge et réfléchis. La situation est grave. Nous avons fait une erreur en venant dans ce village. Ce n'est pas en changeant de lieu et de travail que l'on résout un problème si profond. Mais que faire ? La communication entre lui et moi est devenue si difficile.

Une petite sonnette résonne toujours dans ma tête et je me questionne. Si tu ne réagis pas, ma vieille, tu vas mourir. Tu vas le quitter, il n'y a pas d'autre solution. Et les filles, elles ne verront plus beaucoup leur papa, tu n'as pas le droit de faire cela.

Et pourtant, ne vaut-il pas mieux une maman seule que des parents qui se comprennent si mal et se disputent si souvent ? Résiste encore un peu, prends ton courage à deux mains.

Dans ma tête, ça bourdonne de plus en plus, mais, au milieu de ce foisonnement, j'entends soudain une petite musique de délivrance, je vois une lumière minuscule au bout du tunnel. La certitude d'avoir été aux limites de ma résistance me donne le feu vert pour réagir, pour oser espérer un avenir meilleur. Mais comment faire ?

Divorcer, les avocats, les séances au tribunal, les amis communs à qui l'on demande de témoigner, le partage des biens, j'en ai entendu parler, ça ne va pas être simple. Je n'ai pas d'autre solution. J'ai touché le fond, je ne peux que remonter.

Je l'entends qui rentre. Mon cœur bat la chamade. Si je ne dis rien, la soirée peut être agréable. Je vais me taire.

- Salut, tu as eu une bonne journée ?

- Oui, c'est tranquille, mais je me plais beaucoup ici, les gens sont agréables et je me suis fait beaucoup de copains.

- Les affaires vont bien ? Tu vas chercher les clients au bistro ?

Je n'ai pas pu me taire devant tant d'irresponsabilité. Un homme, chef de famille, fort, toujours prêt à se battre, solide, c'est comme cela que je l'imaginais. M'aurait-on raconté des histoires ?

- Ah ne recommence pas avec cela, tu sais bien que c'est le début et, quand tu auras terminé l'école et que tu seras présente toute la journée, ce sera plus facile. Aujourd'hui, je suis cloué à la maison avec les filles. Il est normal que, de temps en temps, j'ai envie de voir du monde.

- De temps en temps ? Quand je serai présente toute la journée, tu auras la belle vie, tu pourras t'absenter encore plus souvent.

- J'en ai marre de tes éternels reproches. Je sors.

Deux paires d'yeux me fixent. De l'inquiétude, de la tristesse, de l'incompréhension face à ces deux adultes qui se disputent continuellement alors que ces mêmes adultes prétendent que se disputer, ce n'est pas beau.

J'y vois même de la compassion, dans ces yeux et je sens les larmes, comme trop souvent, envahir mon être.

Non, non, non. On va jouer toutes les trois et passer un bon moment ensemble, je pleurerai après.

Elles sont couchées, apaisées. Pourquoi ne puis-je pas me comporter comme elles, inquiètes un moment, mais capables, après quelques câlins de vivre le moment présent sans mouliner, sans tergiverser et sans se poser de questions sur leur avenir ? Pourquoi ai-je grandi si vite ? Pourquoi ai-je été si pressée de voler de mes propres ailes ?

C'est si bon l'enfance, la mienne je m'en souviens avec un goût de miel dans la bouche et je donnerais ma bague de fiançailles pour y retourner. "

Le mari d'Angélique a eu un accident de voiture. Il est à l'hôpital. Pourtant, il était censé être chez son père pour lui demander un prêt, leur situation financière allant au désastre. Mais non, il est allé faire le joli cœur en route, comme c'est son habitude. Il n'a pas grand chose, visiblement. La voiture est démolie.

Le destin a donné un coup de main à Angélique. Elle se souvient de la veille au soir. Il était là, sur le banc devant la maison, discutant avec son ami le cafetier du coin. Elle avait insisté pour qu'il l'amène à l'hôpital, afin de vérifier que tout allait bien. Elle entend leur dialogue depuis la cuisine où la fenêtre était ouverte, au premier étage :
- Qu'est-ce qui s'est passé ?
- Pas grand chose, je n'ai rien. C'est elle qui a peur, qui croit que je suis en danger.
- Ah les femmes !

Pourtant il s'était plaint de douleurs, il ne l'avait pas franchement rassurée quand elle lui avait demandé comment il allait. Et voilà qu'il se moquait d'elle avec cet espèce de macho.

Son sang n'a fait qu'un tour. Elle a réfléchi, réfléchi à en avoir des maux de tête. C'était le moment ou jamais.

Il faut dire qu'elle était mûre pour le départ.

Ils avaient eu souvent le même dialogue qui tournait autour de faire l'amour. Il disait qu'il était nerveux et en colère parce qu'elle ne voulait pas faire l'amour. Elle lui rétorquait qu'elle ne voulait pas faire l'amour parce qu'il était nerveux et en colère. Le serpent qui se mord la queue, enfin...

Deux ou trois jours avant de le quitter, elle avait fait un test. Elle lui avait dit :
- C'est vrai, tu es mon mari et tu as le droit à l'amour physique, alors sers-toi !

Et bien sans demander son reste, il l'avait baisée. Il n'a pas vu qu'elle pleurait.

Le lendemain, Angélique a senti en elle sourdre une profonde et violente colère.

Le soir, dans la chambre à coucher, il a commencé, pour dieu sait quelle raison, à vouloir la frapper.

Et là quelque chose a changé en elle. Elle a pensé STOP. Elle ne pouvait plus vivre ça, ça passait ou ça cassait, mais c'était fini. Elle a commencé à se défendre. Ils en sont venus aux mains, mais cette fois, ce n'était plus le bourreau en face de la victime, mais deux êtres malades qui se tapaient dessus.

Elle ne se connaissait pas ce côté guerrière. Le combat s'est arrêté parce qu'elle était peut-être aussi forte que lui, la colère aidant. Mais surtout elle avait décidé que c'était terminé et il a dû le comprendre.

Quelque temps avant, elle avait caché trois cents francs sous un drap.

Un téléphone à une de ses amies, une maison que Grâce et Caroline connaissaient pour avoir été gardées pendant qu'elle travaillait. D'accord.

Un téléphone à une autre amie pour savoir si elle pouvait la loger quelque temps. D'accord.

Un téléphone à son frère, pour savoir s'il pouvait les emmener. D'accord.

C'était comme si la vie lui montrait qu'elle avait fait le bon choix, tout s'est organisé en quelques heures.

Angélique a pris ses deux filles, ses deux valises, ses trois cents francs et elle est partie, non sans avoir téléphoné à un avocat pour introduire une procédure en divorce. Elle ne voulait même pas entendre parler de séparation, elle était à bout, vide, lessivée.

A l'hôpital, avec ses filles, elle a annoncé à son mari qu'elle le quittait. Une heure plus tard, il avait signé une décharge et avait quitté l'hôpital. Trop tard. Elles étaient déjà à l'abri.

Avocats, juges, tribunaux, audiences, accusations réciproques, tout cela n'a fait que la garder encore quelques mois dans la relation. Ils en ont déduit qu'ils étaient deux irresponsables et qu'ils avaient chacun cinquante pour cent de torts.

Cette nouvelle période a été difficile au début : pas de travail, donc pas d'appartement, pas d'adresse fixe, elle habitait chez son amie, donc pas de travail.

C'est là qu'Angélique a d'abord travaillé dans un magasin de boissons, puis comme serveuse dans un restaurant durant quelques semaines. Elle terminait parfois le soir à minuit. Elle était terrorisée à l'idée de devoir sortir. Elle imaginait que Joseph viendrait l'attendre pour lui cogner dessus. Heureusement, c'était dans son imagination.

Elle a réussi à louer un studio meublé, en attendant l'appartement.

Puis, elle a trouvé un travail de secrétaire chez un commerçant de vins de qualité. Elle a remarqué en commençant le travail que quelque chose n'allait pas, elle a compris après qu'entre-temps, il avait trouvé sa perle rare, mais il avait déjà signé le contrat avec elle.

Rebelote. Après quelques semaines d'essai, à cause d'erreurs qu'elle avait faites, il la renvoya. Angélique a vécu dans cette entreprise sa première expérience de harcèlement.

Plus tard, elle trouve un travail de secrétaire chez un fabricant d'enseignes lumineuses. Elle y est restée quelques mois jusqu'à ce que, par hasard, elle rencontre un ex-collègue des PTT qui l'a encouragée à postuler à nouveau, ce qu'elle a fait. Le salaire était largement supérieur et une jolie carrière lui était ouverte, mais elle ne le savait pas encore.

Du côté logement, elle a finalement trouvé, par une amie, un appartement dans un immeuble rénové et là, une vie "normale", avec ses filles, a pu commencer.

En l'espace de quelques mois, Angélique a déménagé trois fois et changé de travail cinq fois. C'est durant cette période que ses filles étaient en "famille d'accueil", comme dit Caroline, durant huit mois.

Mais revenons à l'homme.

Durant sept ans, Angélique a vécu dans un no woman's land personnel. Elle était attirante, elle a rencontré beaucoup d'hommes. Son malaise intérieur était loin d'être guéri, mais elle ne le savait pas. Elle n'avait pas vraiment le temps de se poser des questions.

Elle avait une vie de travailleuse, elle avait une vie de mère et elle avait une vie de femme à concilier. C'est vrai qu'elle profitait de cette liberté qu'elle n'avait jamais connue, puisqu'elle avait passé de l'autorité de son père à l'autorité de son mari.

La liberté est un état qui demande un apprentissage. Elle y goûtait avec délice. En même temps, elle sentait au fond d'elle-même la brisure.

Elle rêvait encore au prince charmant qui allait venir la délivrer de cette vie difficile et régler ses problèmes. Elle croyait vouloir refaire sa vie, aimer de nouveau, faire encore un ou deux enfants. Elle en était incapable.

Chaque fois qu'un homme s'intéressait à elle, il suffisait qu'il lui dise qu'elle aurait dû se faire une raie à gauche plutôt qu'à droite pour qu'elle commence, inconsciemment, un travail de sape dans la relation.

Paroles d'hommes :

- Si je te disais que je suis follement amoureux de toi, tu ne me croirais même pas.
- J'ai bien envie de te présenter ma mère, mais je crois que tu ne veux pas.
- Pourquoi une femme comme toi, belle, intelligente, ne croit pas au bonheur !

Elle s'accrochait plutôt à des hommes avec qui elle ne prenait pas de risques : mariés, étrangers peut-être mariés chez eux, amoureux d'une autre femme, mais malheureux. Et elle les consolait. Ça lui faisait du bien de pouvoir réconforter, ça lui donnait au moins le sentiment d'être utile.

Mais au fond d'elle-même, il y avait cette impression, ce sentiment de ne pas mériter, d'être nulle, de ne rien valoir, d'être bonne à jeter. Le bonheur ce n'était pas pour elle.

D'où lui est venu cette croyance, à quel moment elle l'a achetée, ou tenue pour vraie ? Elle ne le sait pas. Elle sait seulement que c'était quelque chose de profond et imperceptible et qu'elle n'en était pas consciente.

Ce sont des années de travail de mineuse de fonds qui lui ont permis d'y voir plus clair, de savoir ce qu'elle voulait, ce qu'elle valait, et d'essayer de s'en convaincre.

C'est là, cinq ans après son divorce, que Grâce et Caroline sont parties vivre chez leur père.

Heureusement que du côté professionnel, elle s'éclatait, sinon elle n'aurait pas survécu. Heureusement aussi qu'elle avait des amis qui ont su voir sa souffrance et la soutenir.

Il paraît qu'il y a toujours un mal pour un bien.

Après quelques mois de déprime, de voyage dans les eaux troubles du mal de vivre, elle s'est souvenue de ses rêves, mais oui, ceux qu'elle avait laissés quinze ans plus tôt. C'est le goût d'apprendre qui l'a sauvée.

Son diplôme de secrétaire-comptable d'école privée n'était pas suffisant pour grimper les échelons des classes professionnelles, il lui fallait un certificat fédéral.

C'est là qu'elle a préparé, en neuf mois, les examens et qu'elle a obtenu le certificat d'employée de commerce. Les apprentis le font en quatre ans.

Et Angélique a rencontré Louis.

Louis a été une merveilleuse embellie dans la vie d'Angélique. Elle se souvient exactement du moment où leurs regards se sont croisés. Ça a été le coup de foudre réciproque. Depuis cette minute, sa vie a changé. Il était l'homme, elle était la femme.

Quelques heures plus tard, il lui disait :

- Vous êtes la femme la plus bandante que j'aie rencontrée.

Elle a pris cela pour un compliment. Encore quelques heures plus tard, après une tournée des grands ducs, il lui dit :

- On prend une chambre ?
- Non, viens chez moi !

À la maison, où elle habitait maintenant seule depuis quelques mois, le temps de passer à la salle de bains, elle le retrouve nu comme un ver, avec sa carte de visite à la main !

Le lendemain matin, il lui dit :

- Je suis foutu ! C'est la première fois que je m'endors chez une femme.

Elle l'a cru. Il lui avait dit le même soir qu'il était marié. Il avait seize ans de plus qu'elle.

Oh Louis ! Comment le décrire ? Il avait une voix grave qu'elle a tout de suite trouvée très sexy. Il avait un large sourire, celui de la gourmandise, celui du consommateur, et des yeux noirs pétillants, ceux du conquistador, du chasseur qui ne doute pas de ses pouvoirs.

Angélique se sentait tellement bien à ses côtés, tellement importante. Avec lui, elle a commencé à croire qu'elle avait de la valeur. Il lui disait :

- J'ai placé la barre très haut, parce que je sais que tu le mérites !

C'était exactement ce qu'elle avait besoin d'entendre.

Sa relation à l'homme a commencé à se guérir avec lui. Elle ne prenait pas de risques, il était marié ! On peut dire cela avec du recul, parce que c'est après qu'elle a découvert que sa plus grande peur était de s'engager, de vivre sous le même toit qu'un homme.

Angélique aimait profondément Louis. Elle a même cru être enceinte un jour, mais quand elle a vu sa réaction, elle a su que ce n'était pas ce qu'il désirait. Heureusement, c'était une fausse alerte.

Il l'emmenait dans les meilleurs hôtels, dans les meilleurs restaurants. Un jour il lui dit :

- Prends ton passeport et un costume de bain, nous partons en fin de semaine !

C'est exactement le genre de discours qu'elle aimait entendre. Elle était heureuse. Elle avait l'homme qui décidait, qui l'emmenait, avec qui elle avait envie de faire l'amour simplement en lisant le désir dans ses yeux.

Tout n'a pas été que rose durant cette relation. Elle ne peut pas compter le nombre de fois où il est venu mettre sa clé dans la boîte aux lettres pour lui signifier que leur relation était terminée. C'est comme ça qu'ils réglaient les problèmes.

Mais, quelques jours, parfois quelques semaines plus tard, elle faisait le tour des endroits où ils avaient l'habitude de se rendre et elle le trouvait.

C'était magique. Il suffisait qu'ils soient l'un en face de l'autre pour tout oublier et recommencer de plus belle. L'amour y était pour quelque chose.

Les douleurs laissent plus de traces, plus de souvenirs que les joies. Ce n'est pas l'objet de ce livre, de dire combien le bonheur peut être bon.

Elle arrivait à un nouveau virage de sa vie.

Du côté professionnel, Angélique avait un ami, il s'appelait Samuel. Lui aussi a cru en elle. Il a su utiliser ses compétences professionnelles. Il connaissait sa valeur mieux qu'elle-même. Quand un jour il lui a dit :

- Prépare un concept de formation pour la direction.
- Un concept de formation, mais je ne sais pas faire cela.
- Oui, tu peux le faire. Vas-y, j'attends ton projet d'ici deux semaines.

Il avait une profonde amitié pour elle. C'était aussi son protecteur. Elle n'a pas eu besoin de s'occuper de sa carrière, ça arrivait tout seul.

Il n'a jamais été son amant. Un grand ami oui, que l'on peut détester parfois, mais avec qui on partage les peines et les joies de la vie. Ils allaient parfois prendre l'apéritif ou même manger ensemble. Il avait une sacré descente et elle aussi.

Seigneur, ce qu'elle a lutté contre lui. Il représentait l'autorité, l'autorité du père, l'autorité de l'homme, le pouvoir. C'était dans sa nature, un homme né pour être chef. Il avait une capacité de travail impressionnante.

C'était un bon meneur d'hommes, même s'il a eu de nombreux ennemis, des jaloux qui n'osaient pas, devant lui, exprimer ce qu'ils pensaient, s'opposer à lui.

Angélique osait. C'était comme si elle se retrouvait en face de son père, comme à seize ans, mais là elle avait pris du poil de la bête.

Eh bien, un jour ce grand ami l'a trahie, enfin c'est comme cela qu'elle a pris l'événement. Elle adorait son travail de formatrice et responsable de bureautique. Elle avait même reçu, un an avant, une augmentation extraordinaire tellement il était content d'elle.

Elle n'a absolument pas vu venir le coup...

Ce jour-là, elle reçoit une appréciation assez timide... Elle était habituée à mieux. Après avoir comparé avec celle de l'année précédente, elle réalise qu'il se passe quelque chose de pas normal. Elle se rend dans son bureau et lui demande :

- Que se passe-t-il ? Tu peux m'expliquer ?

- Oui, un nouveau produit arrive, ton produit est amené à disparaître et vous êtes deux pour le même poste, j'ai décidé de te déplacer aux immeubles, là où tu as déjà travaillé. Le salaire sera le même.

- Mais j'aime ce que je fais, tu me sacrifies ?

- Je ne peux pas faire autrement.

Le ciel lui est tombé sur la tête. Elle venait de toucher à sa blessure de trahison.

Elle ne s'est pas battue pour rester là où elle était. Elle a accepté le poste qu'il lui proposait, mais elle aimait beaucoup moins ce travail.

Dans cette nouvelle fonction, il y avait entre Samuel qui était le grand chef, et elle, un échelon intermédiaire, son chef sur le papier. Ses compétences étaient fort discutables aux yeux d'Angélique.

Mais il ne fallait pas y toucher, les deux hommes se connaissaient depuis longtemps et ils étaient copain comme cochon. Elle trouvait cela très injuste qu'un homme comme lui soit son chef alors qu'elle se voyait plus capable. Mais Samuel lui avait dit de ne pas y toucher. Lorsqu'elle lui faisait la preuve de son incompétence, il ne voulait même pas l'entendre.

Quelques mois plus tard, le père d'Angélique est mort...

Quelques mois plus tard encore, elle a démissionné...

Et elle a repris un restaurant...

Quelques années plus tard, Samuel s'est enlevé la vie. Quand elle a appris cette affreuse nouvelle, elle en a été très attristée.

Aujourd'hui encore, chaque fois qu'elle passe en train au-dessus du Lavaux, elle pense à lui avec mélancolie ! Souvenir d'un joyeux repas, il y avait Samuel et sa femme, Angélique avec son père et sa mère. C'était une très agréable journée.

Son histoire d'amour avec Louis s'est terminée le contraire de ce qu'elle avait commencé, comme un tissu qui s'effrange !

Depuis le jour où elle avait ouvert son restaurant, ils se voyaient l'après-midi. Il est venu deux ou trois fois passer quelques heures au bar, mais c'était une situation qui ne convenait ni à l'un ni à l'autre.

Petit à petit, ils se sont moins vus.

Un jour il lui a dit qu'il ne reviendrait pas. Et elle a accepté... avec tristesse !

Une autre histoire attendait Angélique, il s'appelait Fuat.

Qui peut le plus peut le moins. Cette maxime lui va si bien.

Après quelques mois de "célibat", un homme s'est mis à venir régulièrement passer plusieurs heures dans son restaurant. Il s'asseyait à une table, un peu en retrait et restait là.

Puis un jour, après s'être renseigné pour savoir si elle était libre, il lui dit, dans un français très approximatif, puisqu'il était albanais de Macédoine :

- Je suis un homme pour vous ! Voulez-vous sortir avec moi ?

Elle a réfléchi un moment, puis elle se dit :

- Il a l'air bien de sa personne, toujours habillé de vêtements de grande qualité, de belles chaussures, propre sur lui. Je vais aller m'assoir à côté de lui et si je m'y sens bien, j'irai voir plus loin.

Elle lui a donné rendez-vous en face. Elle s'est assise à côté de lui et elle s'y est sentie bien.

Le goût de l'aventure, elle l'a toujours eu. Eh bien avec lui elle a été servie. Peut-être qu'il a été sur son chemin justement pour lui apprendre à utiliser un peu plus son discernement dans la vie, entre autres !

Il savait mettre le paquet pour séduire. Un bouquet de roses de toutes les couleurs, un tour de cou en or, un parfum de grande marque, les meilleurs restaurants, c'est là qu'elle a participé à des soirées disons "ex-yougoslaves", vu que se promenaient, ensemble, chrétiens et musulmans ! Ils savent s'amuser ces gens-là et ils savent faire preuve de solidarité, ce qu'elle a beaucoup apprécié.

Fuat avait quelque chose de magnétique, un charisme certain auprès des gens de sa race. Partout où ils allaient, Fuat était accueilli à bras grands ouverts. Il paraissait être un homme important.

Ils ont passé quelques semaines magnifiques, comme ça peut l'être quand la passion met de la poudre de perlimpinpin sur tout, ce qui rend chaque rencontre magique.

Et puis un jour il a disparu. Imaginez son désarroi, son homme disparaît ! Elle était très inquiète.

C'est la police qui vint la voir un jour, deux policiers en civil, l'air soupçonneux :

- Vous connaissez Monsieur Fuat ?
- Oui, je le connais, j'ai une relation amoureuse avec lui.
- Où est-il ?
- Je n'en sais rien.
- Si vous mentez, vous prenez des risques !
- Je vous dis que je n'en sais rien.
- Si vous le voyez, vous devez nous téléphoner pour nous avertir !
- Mais oui c'est cela ! Vous feriez cela vous ? Avertir la police quand votre amoureuse vient vous voir ?

Il s'était caché. Il est revenu un soir et a dormi chez elle. Le lendemain

matin, elle part travailler et devant son immeuble, deux policiers l'attendaient.
Mais son amoureux avait l'instinct de l'homme traqué, il avait senti qu'il se passait quelque chose de dangereux pour lui, comment ? elle ne le sait pas. Peut-être n'avait-il pas vraiment la conscience tranquille, comme on dit. Lorsqu'elle est revenue dans son appartement, avec les deux policiers, il avait pris la fuite. Une arrestation qui aurait pu être facile n'a pas eu lieu.

Les jours suivants ont ressemblé à un épisode d'une série policière de mauvaise qualité, visites successives de la police au restaurant et à la maison, surveillance, suspicion, pour finalement aller au poste de police, faire une déposition. L'homme avait finalement vraiment disparu.

Quelques semaines plus tard, alors qu'elle s'était fait beaucoup de soucis, elle reçoit un téléphone :
- Tu viens me voir dans mon pays, je te ferai visiter, je te traiterai comme une reine !

Toujours ce goût de l'aventure... toujours l'amour.

Angélique a accepté. Il lui fit alors porter un billet d'avion.

Pour la première fois de sa vie, Angélique se retrouvait dans une situation où elle ne comprenait pas la langue et ne pouvait lire les informations d'usage puisqu'elles étaient écrites en cyrillique. Elle était assise au fond de cet avion et comme pour la rassurer, quand elle a voulu descendre la tablette pour lire, celle-ci lui est restée dans les mains !

Fataliste, elle l'est, et dans ce genre de situation elle se dit que si c'est son heure, c'est son heure ! Alors elle respire profondément et retrouve son calme.

L'hôtesse s'est alors adressée à elle et c'est en allemand qu'elle a pu dialoguer. Ouf !

Communiquer semble indispensable à l'être humain. Nous serions surpris de voir les ressources que nous avons et que nous n'utilisons jamais ! Le regard, le dessin, les gestes. La parole, nous l'utilisons beaucoup, mais quel gaspillage. Citons Le Prophète :

La parole, de Khalil Gibran

"Vous parlez quand vous cessez d'être en paix avec vos pensées. Et lorsque vous vous lassez d'habiter la solitude de votre cœur, vous allez vivre sur vos lèvres, ainsi les sons qui s'en échappent vous servent de divertissement et de passe-temps. Et souvent, vous noyez la moitié de vos pensées sous les flots de vos paroles. Or, la pensée est un oiseau éthéré qui pourrait déployer ses ailes dans une cage de mots, mais ne saurait s'envoler. "

Angélique a atterri en Macédoine. Dans la salle où elle faisait la queue pour présenter son passeport, elle voit débarquer Fuat accompagné de deux douaniers, qui viennent l'accueillir comme une personne très importante et qui la font passer devant tout le monde. Elle a été très honorée de cette faveur et en même temps, de voir les autres attendre et la regarder avec des airs de reproche dans les yeux, elle était aussi mal à l'aise. Ça peut surprendre, mais être du côté des favorisés n'est pas forcément confortable.

Serait-ce son sentiment profond de ne pas mériter, de ne pas être à la hauteur qui ressurgit et qui cette fois est titillé d'une autre manière ? La vie a de ces façons de vous envoyer des messages ! Sur le moment, elle ne l'a pas vu !

Et il l'a traitée comme une reine !

Une ombre au tableau : il lui arrivait de disparaître durant plusieurs heures et de la laisser dans une chambre d'hôtel. Et quand il revenait, il lui apportait de la nourriture. Il lui est même arrivé de la séquestrer, de l'enfermer dans la chambre !

Mais qu'est-ce qu'ils ont les hommes à la séquestrer, à la faire prisonnière ?

Ce phénomène, elle l'a regardé sous la loupe. Voici les questions miroir qu'elle s'est posées :

- Pourquoi suis-je pareillement fermée ou enfermée ?
- Dans quel domaine de ma vie je me ferme ?
- De quoi suis-je prisonnière ?
- Ai-je si peur de la liberté que je me séquestre et donne la clé à quelqu'un d'autre ?

Ah Fuat ! Sous certains angles, ils se ressemblaient. Lui se faisait enfermer pour de bon, mais elle s'enfermait en elle-même.

Quelque chose de répréhensible vis-à-vis de la justice de son pays, il y avait. Il lui avait raconté sa version :

- Tu viens une fois, tu as beaucoup d'argent dans les poches, tu ne peux être qu'un voleur. Mon père est riche, et cet argent était à moi.
- Tu es expulsé alors que tu n'as rien fait !
- Mais je suis plus malin qu'eux et je trouve toujours le moyen de revenir !

Et c'est ce qu'il faisait. Il se faisait mettre en prison, à sa sortie, il rentrait chez lui pour quelques mois, puis le goût du voyage le prenait et il trouvait moyen de revenir. Et il se faisait à nouveau prendre.

En avion ou en train, elle allait le rejoindre.

Angélique a pris un jour le train pour une petite ville, à la frontière italienne de la Slovénie, Sežana. Quel périple. Arrivée en gare de Lausanne, le guichet était fermé...

Elle n'avait pas vraiment préparé son voyage, pensant arriver à cette frontière facilement et ensuite laisser l'homme tout organiser, comme à son habitude !

Finalement l'irresponsabilité qu'elle reproche à son ex-mari, elle en est aussi bien dotée, de l'insouciance, de la naïveté, l'envie de se faire prendre en charge, un peu de tout cela !

Elle se retrouve dans ce train italien ! Elle a pu acheter un billet avec des francs suisses. Ensuite, il y avait un tronçon italien, boire un café avec une carte de crédit dans un train, il y a quinze ans, ce n'était pas une sinécure ! Pour le dernier tronçon, elle se retrouve avec des gens qui parlent une langue qu'elle ne connaissait pas, heureusement qu'elle a pu négocier en italien. Après une douzaine d'heures, elle arrive à bon port, et l'homme a pris les choses en main.

Angélique a visité tous les pays de l'Ex-Yougoslavie.

Partout il y avait des pâtisseries où Fuat était connu et accueilli !

Elle a passé sur des ponts provisoires construits par l'armée, après la guerre de Bosnie. Elle a vu des maisons criblées de balles, d'autres où il ne restait que les cendres. Elle a visité une ville, où chaque trois ou quatre mètres, elle a croisé un homme à qui il manquait un bras ou une jambe quand ce n'était pas un œil. Cette ville, aujourd'hui rien que d'y penser lui laisse encore un immense sentiment de tristesse, voire de désolation. Il faut dire que ce lieu avait été assiégé durant plusieurs mois et que ses habitants ont eu faim.

Un jour Fuat a eu peur. Ils avaient loué une voiture et remontaient depuis la Serbie vers la Bosnie-Herzégovine. Elle le sentait nerveux. Elle l'a un peu provoqué :

- Mais tu as peur ? Regarde moi je n'ai pas peur !
- Tu ne comprends pas, c'est dangereux ici. Ils ont le pouvoir. La guerre vient de se terminer mais ils sont encore sur les dents !
- Mais moi j'ai le passeport suisse, je ne risque rien.
- Sois humble avec eux, ne les regarde pas dans les yeux !
- Je me demande bien pourquoi je ferais cela !

Arrivés à l'autre frontière, celle pour passer en Croatie, le douanier les arrête et il prend leurs passeports !

Elle commence à s'impatienter, sort de la voiture pour aller lui demander pourquoi il faisait cela. Et là elle a vu son Fuat comme terrorisé devant cet homme armé d'une mitraillette.

- Rentre dans la voiture et attends, ordonna-t-il !

Elle a obtempéré et est venue sagement attendre au volant que le douanier veuille bien leur rendre leurs passeports ! Pourquoi il a eu si peur, elle ne sait pas, des restes d'éducation sous régime communiste de l'ex-Yougoslavie, peut-être.

Il lui racontait son enfance, combien ils étaient heureux sous Tito. Ils disaient "Vive Tito" et tout marchait bien, et tout le monde était content. Il n'y avait plus ce dieu pour les séparer puisque Tito avait décrété qu'il n'existait pas ! Un grand reproche est encore fait à cet homme, mais pourquoi il n'a pas prévu de successeur. Tout aurait peut-être pu continuer comme avant.

Encore une fois cette fameuse liberté, pour les peuples c'est le même exercice, la même difficulté d'en user sans en abuser.

Angélique décide d'aller vivre dans le pays de Fuat, la république de Macédoine, du côté de Gostivar. Elle avait le projet d'ouvrir une espèce de refuge dans une maison dont la construction était presque terminée. Elle avait vu, dans les établissements de nuit, des filles tellement jeunes venant de la Bulgarie voisine, avec des hommes évidemment bien plus vieux qu'elles et qui auraient mieux traité leur chien. Cette maison semblait abandonnée, attendant qu'elle arrive avec ses idées de sauveuse. Ils étaient allés ensemble plusieurs fois voir le terrain où ils construiraient leur maison.

C'est un beau pays, qui ne demande qu'à se développer. Si vous avez un jour l'occasion de voir Mavrovo, c'est un endroit merveilleux, avec une église à moitié immergée au milieu d'un lac, une station de ski en hiver. Vous pourrez allez faire quelques descentes à Popova Šapka, la chapeau du curé ou quelque chose comme ça.

Angélique a liquidé son appartement et au moment de rejoindre son amoureux, plus de nouvelles.

Fuat avait recommencé ses variantes et était enfermé en Suisse. Durant un an, elle est allée lui rendre visite en prison.

Elle devait d'abord demander chaque semaine une autorisation. Arrivée devant la porte de la prison, ellle devait attendre qu'on lui ouvre la barrière, traverser une espèce de cour, rentrer dans l'établissement, passer un premier guichet en montrant patte blanche, passer une espèce de détecteur, comme dans les aéroports, passer une deuxième porte qu'un gardien ouvrait et refermait derrière elle, puis attendre dans une petite salle qu'il soit amené.

La première fois qu'elle l'a revu, il avait un air coupable, misérable, triste, traqué. Mais petit à petit, il a été mieux. Elle lui apportait du chocolat, des cigarettes, des fleurs, il aimait les fleurs. Un jour elle avait fait elle-même un arrangement, piqué quelques fleurs sur une mousse dans un petit pot qu'elle avait acheté exprès. On le lui a rendu démonté :
- Pas de fleurs en pot !

Un autre jour, arrivée devant le guichet, elle avait quand même fait cent-vingt kilomètres pour le voir :
- Non Madame, votre autorisation n'est pas en règle.

Elle venait pourtant chaque semaine, et bien celui qui lui a dit cela l'a fait avec un certain plaisir dans la voix et le regard.

Fuat a fini par sortir et se faire expulser pour la énième fois. Quelques jours plus tard, elle le rejoignait...

Et le cercle infernal a continué, de nombreuses nouvelles, plus de nouvelles, ce qui l'a finalement décidée un jour à vouloir le quitter.

Cela n'a pas été si simple. Le bougre ne l'entendait pas de cette oreille. Il l'a harcelée, surtout par téléphone, il adorait téléphoner. De très nombreux appels de jour comme de nuit. Un jour, elle a même fait dévier ses appels chez ses parents, en Macédoine. Ça lui a coûté quelque argent, mais elle a bien rigolé parce qu'il a eu une bonne leçon.

Et puis, il a continué le harcèlement à son travail. Elle était secrétaire dans un service de réinsertion des détenus libérés... sans rire...

Il la harcelait sur son poste de travail. Il a dû oublier ou ignorer que les numéros s'affichaient et qu'elle avait travaillé aux télécommunications. Elle voit que le numéro affiché correspond à une cabine téléphonique en Suisse. Il était fort le bougre. Il était revenu, peur de rien ou aimant le risque !

Et elle l'a dénoncé... Et il a été arrêté... et elle a dû aller témoigner, se retrouver en face de lui au tribunal pour lui demander de la laisser en paix !

Elle eu honte. Fin de l'histoire !

Durant quelques mois, Angélique a organisé des soupers de célibataires. C'est là qu'elle a rencontré Léo. Un homme adorable, très serviable. Il est arrivé un jour avec un panier où il avait mis des légumes de son jardin. Elle avait trouvé cela très touchant.

Sa relation à l'homme changeait, puisque cette fois, il était libre et à peu près de son âge. Elle n'était pas prête pour un engagement, lui non plus d'ailleurs.

L'idylle a duré quelques mois, souvent très agréable, parfois animée par la confrontation. Comme elle, il était très fort pour commencer les histoires, mais moins, voire incapable d'un engagement à long terme. La vie nous met toujours face à notre miroir.

L'histoire s'est terminée un soir où ils ont participé à un souper de soutien en faveur de la société de jeunesse du village où elle habitait. Il était à côté d'elle, mais absent. Après le repas, alors qu'elle dialoguait avec ses voisins de table, il est parti au fond de la salle, la plantant là.

Elle l'a très mal pris...

À nouveau, elle a senti la honte l'envahir, ce sentiment qui vous submerge, qui vous fait vous sentir plus bas que terre, nulle, qui vous donne envie de disparaître. Dans son esprit, elle se disait qu'il ne l'aimait pas puisqu'il ne pouvait rester à côté d'elle, alors qu'il avait certainement ses propres raisons, ses propres croyances, ses propres souffrances à soigner.

Angélique a quitté Léo. Ils sont restés bons amis.

Après ces quelques mois, elle a commencé à mettre le doigt sur quelque chose d'important. Cet homme était libre, pourquoi cela s'est-il terminé ainsi ?

Se pourrait-il que la vraie raison pour laquelle elle se retrouvait chaque fois à la case départ, ce soit la peur ? Peur de s'engager ? Non, peur de l'homme ! Peur de la vie à deux dans le même espace !

Oui, elle a pris conscience à ce moment-là que la raison pour laquelle elle avait vécu seule, depuis vingt ans, c'était la peur !

Quelle découverte !

Son envie, son besoin profond était de partager sa vie avec un homme, d'apprendre à aimer à côté d'un homme, de faire confiance à nouveau, enfin de l'apprendre. Mais elle avait peur ! Ça faisait vingt ans qu'elle avait peur !

Elle s'était tiré des auto-goals, avec les affirmations du style :
- Qu'il est bon de vivre seule !
- Pas besoin de laver les chaussettes, de repasser les chemises.
- Pas besoin d'un homme, à part pour le plaisir !
- Prendre les décisions seule, c'est tellement plus simple.
- Ils sont tous pareils, on ne peut pas leur faire confiance.

Et la vie lui a donné raison.

Elle s'est fait une promesse à ce moment-là, celle de ne pas s'enfuir au premier problème, ni au deuxième d'ailleurs, une promesse à elle-même, et elle y a mis une grande importance et surtout la volonté de s'en souvenir quand ce serait nécessaire.

Angélique a dit merci à l'univers d'avoir vécu cette étape qu'elle a sentie primordiale. Elle s'est fait à elle-même la promesse que le prochain homme qui lui plairait et qui serait libre, elle ferait un bout de chemin avec, elle s'engagerait envers elle-même à apprendre à aimer avec lui.

Quand la leçon est apprise, la vie ne met pas longtemps avant de vous servir la suivante.

Depuis neuf années, Angélique vit avec Christian.

Le début de la relation a été différent de tout ce qu'elle a connu avant. C'est plutôt par l'esprit qu'ils se sont plus. Elle le voyait parfois avant les soupers de célibataires qu'elle organisait chez un ami commun.

Elle le trouvait arrogant, mais son côté un peu vieille France, des restes de l'adolescence mélangés à une espèce de sagesse innée, faisait de lui un sacré personnage, imaginez les contrastes ! Sans parler de celui de ses côtés qui aurait voulu être un artiste. Il raconte, il raconte bien, il y met de l'emphase, du geste.

- Tu devrais raccompagner Christian, c'est sur ton chemin ! lui dit son ami.

Il ne savait pas si bien dire !

Elle l'a raccompagné. Et elle a été fascinée par l'endroit. Voir un homme au bistro ou voir un homme dans son élément, c'est bien différent. Sa maison était magnifique. Une fois chez lui, il était différent. Il devenait le maître des lieux dans sa maison de maître. Là, le côté vieille France ressortait davantage.

Ils se sont trouvé des goûts communs. Elle est restée jusqu'à l'aube, en tout bien tout honneur, non sans qu'ils aient arrosé leurs discours de deux bouteilles de champagne.

Le lendemain après-midi, elle était seule chez elle et il devait être seul chez lui. Elle est allée frapper à sa porte, il avait mis du champagne au frais.

Quelques mois plus tard, en ayant dû insister un peu sur le fait qu'elle y passait tout son temps, Angélique a aménagé chez Christian.

Vivre à deux. Elle n'avait pas beaucoup d'expérience ! Elle reprenait l'apprentissage qu'elle avait laissé vingt ans plus tôt. On porte ses démons en soi et ils ne demandent qu'à être réveillés !

Un soir, Angélique est allée souper avec des amies. La soirée avait été très agréable, et elle en était heureuse.

Au volant de sa voiture, en rentrant, une espèce de bête s'est réveillée à l'intérieur d'elle-même. Une pression au niveau de l'estomac, quelque chose qui serre, qui noue, qui se tord. Elle avait peur... comme quand elle avait seize ans et que son père l'attendait pour la disputer, comme quand son mari l'attendait pour la traiter de tous les noms d'oiseaux et même plus.

Ainsi, elle était juste endormie cette peur. Il avait suffi que la même situation se reproduise pour qu'elle se réveille. Et devinez ce qui s'est passé, quand Christian l'a vue arriver, avec cette figure de peur qui ressemble à de la culpabilité ?

- Tu étais où ?
- Tu as fait quoi ?
- Pourquoi tu rentres si tard ?
- Tu te moques de moi ou quoi ?

Et elle se justifie, elle se mélange les crayons, elle bafouille avec par moment un sursaut de fierté et de courage, comme à ses seize ans, qui lui fait dire :

- Je ne suis pas une gamine !
- Tu n'es pas mon père !
- Fiche-moi la paix !

C'est extraordinaire comme nous attirons exactement les événements pour nous permettre de nous guérir d'une croyance, d'une peur qui n'est pas bonne pour nous.

Un long travail sur elle-même aidant, Angélique a pris conscience que c'était son comportement de victime, de coupable, qui provoquait l'attitude paternaliste et sévère de Christian.

Riche de cet enseignement, elle se réjouissait de voir comment allait se passer la rentrée suivante ?

Arrivée à deux cents mètres de la maison, elle s'est arrêtée, a pris quelques grandes respirations pour retrouver le calme alors que la bête tentait de revenir. C'était mieux, pas encore la sérénité, la maîtrise à laquelle elle tendait, mais c'était déjà mieux.

Il a été l'exact miroir de son état intérieur, il a fait quelques réflexions, mais comme elle était centrée en elle-même et qu'elle a réagi avec calme, sans renvoyer la balle et sans se sentir coupable, enfin le moins possible, le flux s'est arrêté rapidement.

Il a fallu quelques sorties et quelques rentrées pour que finalement ça se passe "normalement" :

- Bonsoir, je suis rentrée !
- C'était bien, tu as passé une bonne soirée ?
- Oui très bonne merci. On a parlé de ceci et de cela.

C'est cela prendre conscience, c'est cela réparer. Dans le quotidien, observer les événements qui nous font réagir et, dans le monde physique, modifier certains comportements afin que ces événements changent pour devenir simplement un fait de la vie courante, sans plus de réaction.

Une autre histoire vaut vraiment le détour. Angélique et Christian sont dans la cuisine, ils rigolent, ils plaisantent. Il se met à lui pousser un peu le bras. Comme il voit que ça la chauffe, il continue... Elle lui demande d'arrêter, mais il continue encore.

Et là elle voit rouge. Avec une force démultipliée, elle le prend par les deux bras et le lance par terre.

Il est tombé, plus sur un coude. Avec son goût pour la tragédie, il se plaint ! Il avait mal et il en rajoutait. Puis il s'est relevé, finalement il n'avait rien.

Il ne savait pas qu'elle s'était juré que plus jamais un homme ne lui mettrait la main dessus.

Ça leur a permis d'en parler. Elle lui a révélé certains côtés de sa vie qu'il ne connaissait pas encore. Il a été surpris. Il a compris son geste.

Et la vie continue ! Angélique a appris beaucoup de choses avec Christian et elle l'en remercie du fond du cœur.

C'est vrai qu'il a bien plus de pratique qu'elle de la vie à deux puisqu'il est trois fois divorcé et qu'il a eu, comme il aime à en parler durant des heures, de nombreuses conquêtes.

Il est son miroir, en bien des points.

Angélique ne sait pas si c'est le dernier homme de sa vie, il lui aura de toute manière permis de dépasser beaucoup de peurs vis-à-vis de l'homme.

Merci Christian !

Les enfants

Angélique la reconnaît.

Blues

Du vague à l'âme une tristesse
Descend sur moi comme la nuit
Je la reconnais la traîtresse
Mais si douce mélancolie

Elle approche de ce chapitre où elle parle des enfants. Elle sent au fond d'elle-même une fêlure. C'est comme si elle s'amusait chaque fois à aller gratter la croûte qui est en train de se former sur la blessure.

La blessure, c'est l'humiliation - elle n'est pas digne - et le masque qu'elle met, pour ne pas sentir la douleur, c'est celui du masochiste. Même pas mal !

La mélancolie la guette !

Vous savez, de ces jours où on se demande pourquoi on est venu sur terre, de ces jours où on se dit à quoi bon continuer ? Et après, penser :

- Mais comment ? Je ne peux pas vouloir arrêter de vivre, c'est contre mes principes !

- Il y a vraiment de quoi rire ! Et pourtant, c'est récurrent ! Alors comment ?

- Il faudrait trouver un moyen pour que ça paraisse naturel, sinon j'en connais qui vont se sentir encore plus mal !

- Est-ce bien réel d'ailleurs, ou suis-je encore en train de faire semblant de faire la morte, comme me reproche Caroline, pour mieux revenir après me plaindre ?

- Et si je trouvais un moyen et que je me loupe ! Ah non, là ce serait la honte, encore elle !

Angélique tente de maîtriser ces pensées. Chaque fois qu'elles la harcèlent, elle résiste. Oh, mais si elle résiste, ça persiste ! Alors elle accepte ces pensées...

Et la vie lui fait des clins d'œil, par l'intermédiaire de Facebook :

- Zut ! Je me suis trompée de page : je voulais mettre ma photo sur "Prudence" mais... vous avez compris. Quant à vous, je me disais bien que votre visage me rappelait quelqu'un que j'aime beaucoup : Ste Thérèse de l'Enfant Jésus de Lisieux ; elle aussi voulait - dit-on - faire tomber des pluies de roses.

Et dire que les vrais nom et prénom de cette sainte sont identiques à ceux de sa belle-mère qu'elle n'a jamais connue puisqu'elle est décédée très jeune !

C'est phénoménal ! Merci la vie ! Merci l'univers !

Dans son cœur, elle demande à Jésus, Marie, Joseph - on dit comme ça chez elle - à tous les anges, à tous les guides, à tous ceux qui n'ont rien à faire sur le moment, de mettre sur son chemin encore longtemps de beaux signes comme celui-là, pour que ces pensées se transforment.

Elle sait être capable de vivre avec bonheur.

Angélique se souvient, sa mère disait :
- Je voulais deux ou trois enfants !

Elle trouvait cela étrange, surtout pour ceux de ses frères et sœurs qui portaient les numéros quatre et cætera... Elle était triste pour eux !

Grande dame, Séraphine. Elle n'est pas en train de lui passer la brosse à reluire, mais quand elle voit la difficulté parfois avec deux enfants, imaginez avec huit !

Dans ce temps-là, on se regardait moins le nombril, on était plus fataliste, on voulait moins diriger la manœuvre, quand la vie vous envoyait un enfant, on l'acceptait et on l'aimait le mieux que l'on pouvait. On disait : c'est le bon Dieu qui l'a envoyé.

Il y avait du bon dans ce commandement de l'église catholique : tu aimeras ton père et ta mère ! Un commandement, imaginez ! Il doit bien y avoir une raison, la mission de parents n'est pas simple.

Avoir des enfants, beaucoup d'enfants, pour son père, c'était un cadeau de la vie. Il disait :
- Ma plus grande richesse, c'est ma famille !

Mais pour sa mère, Angélique a eu souvent le sentiment que c'était lourd... oh Seigneur, ça lui rappelle quelqu'un !

Parfois, les dimanches après-midi, la famille allait en promenade. Ils avaient une voiture commerciale, une Opel Karavan, couleur chocolat, la première voiture de son père. Le petit dernier avait sa place sur les genoux de sa mère à la place passager. Aujourd'hui on crierait ô scandale ! À l'époque, personne n'y trouvait rien à redire. Les quatre aînés prenaient place sur le siège arrière et les trois autres montaient derrière.

Ils faisaient parfois halte pour prendre un verre. Et quand ils entraient dans l'établissement, des gens comptaient :
- Un, deux, trois, quatre, cinq, six, sept, huit... c'est à vous tout cela ?
- Oui, et j'en suis très fier, disait son père !

Et là, sa mère n'était pas contente. Angélique savait que quelque chose lui déplaisait. Elle prenait cet air altier qu'elle sait si bien utiliser lorsqu'elle est blessée. Elle met le masque, un masque de froideur, de rigidité qui, aujourd'hui encore lui fait un peu mal. C'est de la faute à personne, elles ont simplement ces mêmes blessures d'injustice et dessous de rejet qui leur font porter ces masques. Cela ressemble étrangement à ce que Caroline n'aime pas chez Angélique.

Il est arrivé aussi que les derniers enfants restent dans la voiture. Mais là c'était encore pire parce qu'il y avait toujours quelqu'un pour arriver dans le restaurant et crier :
- Il y a des enfants enfermés dans une voiture, quel scandale de les laisser ainsi à l'arrière, comme des animaux !

A ce moment-là, Séraphine était encore plus mal, Angélique le sentait, elle le voyait, elle le vivait avec sa mère !

Que d'énergie dépensée à vouloir camoufler nos peurs, nos angoisses, nos souffrances ! Comme il serait judicieux de pouvoir enseigner aux enfants dans les écoles, ce processus - quand une blessure est activée, on met immédiatement un masque pour ne pas souffrir - enseigner comment ne plus réagir, mais observer, changer les comportements pour trouver notre essence, devenir ce que nous sommes au fond de nous-mêmes !

Angélique elle voulait faire carrière, les enfants c'était pour plus tard, à trente ans !

Comme pour sa mère, la vie en a décidé autrement.

Elle a accepté ce que la vie lui donnait. Être mère, ça reste une des plus belles expériences de la vie d'une femme, enfin vu de sa fenêtre.

Donner la vie, donner le jour, mettre au monde, accoucher, enfanter, procréer, faire un enfant. C'est un miracle de la vie d'avoir ce pouvoir de donner une chance à un être de venir sur terre.

Elle a aimé ces premières années, passer plusieurs heures par jour à nourrir au sein, protéger, aimer, sourire, observer la moindre évolution, être inquiète lorsque ça pleure pas comme d'habitude. Plus tard, apprendre l'eau, la terre, le feu, l'air. Apprendre à marcher, apprendre avec patience à manger, à parler, à se tenir.

Puis, et c'est le rôle moins drôle du parent, apprendre les règles, comment se comporter, comment être poli, comment être sociable, comment se défendre ou se battre parfois.

Elle a dû faire des erreurs, qui pourrait croire que c'était volontaire ? Lorsque Grâce a eu, à quelques mois, d'adorables petites jambes rondelettes - même qu'ils l'appelaient bonhomme Michelin - elle n'a pas rajouté le soir, dans son biberon de lait, les céréales d'usage, se disant qu'ainsi elle la protégeait de grossir. Peut-être qu'elle a eu faim ! Peut-être que le petit corps de Grâce a enregistré, à ce moment-là qu'il fallait "faire des réserves" en cas de famine !

Grâce devait avoir trois ou quatre ans. Ils habitaient dans une rue en cul-de-sac. Angélique avait pris l'habitude de la laisser jouer dehors en jetant un œil toutes les cinq minutes depuis son balcon. Et Grâce s'en allait... l'esprit de découverte ! Angélique la rattrapait rapidement, jusqu'au jour où elle est partie dans l'autre direction. En passant devant la boulangerie où elles avaient coutume d'aller, elle a pris un pousse-pousse qui se trouvait là et est partie. Elle a dû faire un bon kilomètre jusqu'à ce que quelqu'un avertisse la police et qu'Angélique la retrouve. Elle a eu très très peur.

Le lendemain, la mère va jouer dehors un moment avec la fille et lui dit :
- Tu veux jouer là ?
- Oui maman.
- Tu me promets de ne pas partir ?
- Oui maman.
- Si tu pars de nouveau, je vais devoir t'attacher, tu as compris ?
- Oui maman.

Elle l'observait depuis le balcon. Eh bien l'envie a été plus forte. Elle est repartie. Angélique l'a rattrapée. Elle l'a attachée à la clôture avec une de ces ceintures qui servait pour apprendre à marcher. Elle l'a laissée là deux ou trois minutes.
- Tu vas rester là cette fois ?
- Oui maman.
Elle n'est plus repartie.

Grâce a peut-être eu honte. C'est ce qu'Angélique peut imaginer aujourd'hui. Est-elle responsable ? Son intention était bonne, c'était pour sa sécurité, pour ne pas la perdre, pour éviter qu'elle ne se fasse renverser par une voiture.

Il lui est arrivé de se sentir fautive. En fin de compte, si l'enfant a eu honte, la mère n'était que le révélateur.

Quand ses deux filles ont eu cinq et sept ans, Angélique a quitté leur père.

À quoi cela lui servirait de se sentir coupable, de se mortifier parce que ses filles ont souffert de ceci ou de cela ? Les événements sont arrivés, les réactions aussi. Est-elle responsable de leurs réactions ? Non. Son intention n'était pas de leur faire du mal, mais de se protéger. Serait-ce de l'égoïsme ? Possible, elle assume. Mais de l'égoïsme divin, puisque c'était pour se sauver.

Aujourd'hui, elle parle à ses filles :
- Vous voudriez peut-être retrouver seulement la maman qui vous a manqué ? N'être que mère, est-ce possible ?
- Le rôle des femmes des générations passées qui n'avaient pas beaucoup d'autres choix est-il enviable ? Être épouse, être mère, être la reine de

la maison, toujours là quand un membre de la tribu a mal pour le consoler ! S'oublier pour les autres, accepter le rôle avec grand bonheur ?

- Je ne pouvais pas rester à la maison, par choix et par nécessité. Par choix, parce que j'avais besoin d'un contact avec l'extérieur, de me sentir utile au monde, par nécessité parce que le salaire de votre père ne suffisait pas.

- Dans les années septante, juste après mai soixante-huit, une femme qui "ne travaillait pas", c'était très mal vu.

- Vous êtes en face de la femme, comme vous êtes femme. Pour exister en tant que femme, faut-il vraiment détruire sa mère, le fameux complexe d'Oedipe ?

- Qui peut faire le chemin pour devenir adulte ? Et m'appeler Angélique ?

- Nous pourrions alors refaire connaissance, avec des souvenirs tendres de cette époque où j'étais la mère et où vous étiez les enfants !

Les animaux font moins d'histoires, une fois les enfants sevrés, au revoir, je retourne à mes amours. Les mères de certaines races refusent même les tétons aux plus faibles, les condamnant ainsi à mourir, pour favoriser les plus costauds. Heureusement, chez les humains, on laisse vivre.

Seule, la vie n'était pas simple, mais Angélique était libre, ou libérée. Il a fallu trouver une fille au pair, puis une deuxième. Il a fallu trouver un endroit où ses enfants pouvaient aller manger à midi et après l'école, goûter et faire leurs devoirs. Chaque période de vacances scolaires lui posait un problème. Elles ont été en vacances chez Séraphine, chez Dolores, à gauche et à droite.

Un jour Séraphine dit à Angélique :

- Je ne veux plus prendre tes filles en vacances, je suis trop fatiguée. J'ai élevé mes huit enfants, maintenant j'ai fini mon travail.

Elle comprenait, elle prenait sur elle. De la colère montait déjà en elle à cette époque, mais elle n'avait pas poussé plus loin ses investigations intérieures. L'heure était à avancer, pas à analyser ses états d'âmes.

Un peu plus d'introspection aurait pu lui faire dire :

- Je t'ai aidée quelques années à élever les tiens, tu pourrais aussi m'aider à élever les miens.

- J'en ai bien besoin.

Tiens, ça lui rappelle la lettre, les deux ou trois années où sa fille Caroline s'est sentie comprise, parce qu'elle l'a aidée après son divorce. Ainsi ce serait :

- Quand tu me soutiens, je me sens aimée !

- Quand tu ne réponds pas à mes demandes, je ne me sens pas aimée !

- Être mère, ce serait être disponible, pouvoir s'appuyer quand c'est nécessaire, ne jamais refuser un service...

- Et aller se faire voir ailleurs quand tout va bien !

Être mère ? L'héritage du passé, tous les chants, tous les poèmes, c'est cela qui fait que le rôle est difficile aujourd'hui, puisque nous ne sommes plus uniquement mère...

Remarquons que pour l'héritage, on ne prend que ce qui nous intéresse puisque beaucoup de mères qui ont besoin de soins se retrouvent dans des établissements spécialisés, alors qu'avant, on les gardait dans la famille, on redonnait un peu de tout ce qu'elle avait donné.

Mais revenons à ce moment où Angélique a quitté le père de ses filles.

Dans un premier temps, Joseph a démissionné du rôle. Un jour, en fin de semaine, au dernier moment, sans avoir planifié, il était apparu pour emmener ses filles, non sans qu'Angélique ait insisté pour qu'il se souvienne qu'il avait des enfants et qu'elle lui prête sa voiture. Caroline était tellement en colère contre lui qu'elle refusa de partir, ses congés étaient organisés avec une de ses amies. Elle avait déjà un caractère bien affirmé.

Grande frayeur un autre jour, lorsque la police téléphone à Angélique pour lui dire qu'on avait emmené Caroline à l'hôpital, qu'elle s'était fait renverser par une voiture. Dans son angoisse, Angélique s'est d'abord rendue à l'hôpital cantonal, alors que sa fille se trouvait à l'hôpital de l'enfance. Quand elle est arrivée, le médecin était en train de lui recoudre une blessure sous le menton. Tiens, il faudrait pouvoir recoudre les blessures de l'âme.

- Elle est incroyable votre fille, elle n'a même pas pleuré !

Ce n'était pas très grave, Dieu soit loué.

Le pédiatre avait déjà dit la même chose, lorsque Caroline avait quelques semaines, alors qu'il venait de la piquer :

- J'ai rarement vu un bébé comme ça, on dirait qu'elle serre les dents !
- Elle me regarde sévèrement, mais elle ne pleure pas !

Vient-on au monde avec un caractère ? Elle avait déjà décidé de serrer les dents ! Les aurait-elle serrées trop longtemps ?

Après quelques mois, Angélique et ses filles ont emménagé dans la maison où habitait Berthe, une de ses amies. La vie est devenue beaucoup plus simple pour elle. Son amie avait accepté de les faire manger à midi et de les surveiller quand elles rentraient de l'école. Elle était plus tranquille. Ses filles grandissaient aussi, devenaient plus autonomes.

Se souviennent-elles des vacances à Catolica, sur la mer Adriatique, en Italie ? Elles étaient dans une adorable pension de famille. Sur la plage, il jouait sans cesse "Unchain my heart" chanté par Joe Cocker. C'est là qu'Angélique avait fait connaissance d'Umberto Eco, par son livre "Le nom de la rose", grandiose.

Se souviennent-elles que chaque année elles allaient à la montagne pour un camp de ski ? Et les deux semaines de neige dans les préalpes vaudoises avec leur cousine ?

Le voyage en Floride ? Angélique en garde un souvenir merveilleux. Pas toujours facile de partager une chambre à trois femmes, parce qu'il faut dire qu'elles commençaient vraiment à ressembler à des femmes ! Elles avaient changé d'hôtel quasiment chaque jour durant la première semaine, pour visiter les Everglades et ses fermes d'alligators, Cap Canaveral et le centre spatial Kennedy, Orlando, Universal studio, King Kong et comment Hitchcock faisait du cinéma, puis les deux magnifiques parcs Disney sans oublier les parcs aquatiques pour finir à Key West et la maison d'Edison avec ses fameux arbres à saucisses. La deuxième semaine, elles l'ont passée à Miami Beach.

Angélique en garde de beaux souvenirs !

Un événement inattendu lui a fait vivre l'expérience la plus douloureuse de sa vie, bien plus que son premier chagrin d'amour, enfin disons que c'était différent. Elle était partie en vacances au Mexique durant trois semaines. Elle avait demandé à Joseph, qui avait à ce moment-là "refait sa vie" comme on dit, de prendre soin de ses filles durant son absence. Elle avait tout organisé.

Angélique avait été courtisée là-bas, mais jamais elle n'aurait pu imaginer de s'expatrier au Mexique et ainsi de séparer par autant de distance ses enfants de leur père.

Bref, quand elle est rentrée, Joseph, Grâce et Caroline avaient imaginé une belle grande famille recomposée. Ses filles voulaient aller vivre chez leur père.

Cela n'avait pas été simple, cette vie de mère, travailleuse et femme en simultané. Elle a pensé que le père pouvait faire sa part, surtout qu'il avait une femme dans sa vie pour l'aider.

Joseph habitait à un kilomètre du domicile d'Angélique, elle verrait les enfants le mercredi soir et durant la fin de semaine. Et puis connaissant le caractère belliqueux et sévère de son ex, elle a pensé qu'elles resteraient quelques jours, tout au plus quelques semaines.

Sur ces considérations, Angélique a accepté que ses filles partent vivre chez Joseph.

Mais il a rapidement déménagé à la campagne.

Et là, petit à petit, Angélique est descendue au fond du trou. Son mal intérieur grandissait. Elle reprenait contact avec cette douleur qui devient physique et qui fait qu'on a envie de s'ouvrir la poitrine pour s'arracher le cœur. Elle passait ses fins de semaine recroquevillée chez elle, à beaucoup dormir pour tenter d'oublier.

Une dépression nerveuse a son utilité, c'est le moment pour l'être de se regarder au fond de l'âme, de penser à sa vie, à réviser ses croyances, ses choix. Quelques mois d'intériorisation lui ont fait du bien. Elle a nagé au fond de la piscine, remontant juste pour prendre l'air dont elle avait besoin de temps en temps, dans des eaux pas toujours claires. Petit à petit, elle descendait moins bas, et finalement, elle est restée à la surface. Puis la joie de vivre est revenue.

Une de ses amies lui disait :
- Tu es une bonne grosse poire Williams !
- Ah tu crois et pourquoi dis-tu cela ?
- Tu es une, et quand le fruit commence à se gâter, c'est tout le fruit qui en subit les conséquences !
- Dangereux ça ?
- Oui, moi je ne pourrais pas, je suis des poires à botzi (celles de la Bénichon) je n'en donne qu'une à la fois ! Il me reste les autres intactes !
- C'est vrai, je suis entière !

Heureusement qu'elle était là ! Heureusement que le côté professionnel fonctionnait très bien !

Elle voyait ses filles tous les quinze jours. Les moments passés ensemble étaient particuliers. Grâce et Caroline devaient bien sentir le malaise intérieur d'Angélique, dignes filles de leur mère, capables de mesurer sans parler l'état intérieur des autres, le plexus solaire ouvert. Elles avaient appris la même leçon que leur mère enfant, pour avoir cette paix intérieure, cette sécurité, il fallait que les adultes autour soient contents et heureux !

Angélique ne l'était pas ! Elle leur en a peut-être voulu de l'avoir abandonnée, d'avoir accepté le complot monté par leur père, mais c'était inconscient. Peut-être qu'elles culpabilisaient, se sentant un peu responsables de la voir si mal en point, si déchirée.

Période rude, période où elle a grandi. Autant utiliser ce temps libre à quelque chose d'intelligent, c'est là qu'elle a repris des études pour faire un certificat fédéral d'employée de commerce, ce qui lui manquait pour pouvoir continuer sa carrière.

C'est là aussi qu'elle a rencontré Louis et qu'elle a vécu une période vraiment heureuse.

Quelques mois plus tard, Grâce lui téléphone :
- Maman, je ne veux plus rester ici, je suis malheureuse et ça ne va pas du tout avec cette femme.
- D'accord, je viens te chercher.

Son ex avait changé de compagne.

C'est ainsi que Grâce est revenue à la maison, la première. Caroline n'a pas suivi immédiatement, toujours ce caractère qui résiste. Mais en fin de compte, quelques semaines plus tard, elle est revenue aussi.

Angélique les a laissées partir, elle les a laissées revenir. Le poids de la responsabilité a dû être lourd pour elles, c'est un peu comme si c'étaient elles qui avaient décidé et Angélique qui avait accepté ces décisions successives de partir et de revenir. Elle était encore un peu enfant, elle l'est peut-être encore d'ailleurs !

Angélique était très heureuse de les avoir à nouveau à la maison. Elles avaient grandi, l'adolescence était là puisqu'elles avaient maintenant quinze et treize ans.

Louis a été d'un grand soutien dans cette période. Il n'a jamais voulu être même l'ombre d'un père. Il avait une sagesse qui lui faisait dire les choses justes. Elles avaient un grand respect pour lui, enfin c'est ce qu'elle croyait.

Ils ont fêté ensemble la bienvenue dans le monde des femmes, par deux fois. Ce rituel a été très apprécié. Ils ont vu Eurodisney. Il lui arrivait fréquemment de les inviter au restaurant toutes les trois, il disait qu'Angélique avait assez travaillé, que maintenant c'était le repos. Elle remercie encore le ciel de lui avoir envoyé Louis.

Il ne comprenait pas comment Angélique pouvait supporter l'arrogance, l'agressivité parfois. Elle répondait que si elle ne pouvait pas supporter cela, personne d'autre ne le pourrait et qu'il était préférable qu'elles fassent leurs griffes sur leur mère plutôt que sur une autre personne qui n'aurait pas son cœur de mère !

Il a fallu réagir lorsque Grâce ne faisait plus rien à l'école, Angélique qui aurait bien vu ses filles notaires ! Séraphine n'avait jamais mis le nez dans les leçons ou devoirs d'école, Angélique a agi de la même façon, par choix mais aussi par nécessité.

Prendre ses responsabilités, devenir autonome, c'était primordial dans son esprit. Elle n'a pas beaucoup vérifié... et elle avait une signature si facile à contrefaire !

Angélique a inscrit Grâce à l'examen d'entrée pour devenir apprentie téléphoniste dans l'entreprise où elle travaillait. Une de ses collègues l'avait un peu "aiguillée" sur le contenu de l'examen. Elle ne l'avait pas cherché, c'était arrivé sur un plateau, alors autant en faire profiter sa fille. Deux ans plus tard, lorsqu'elle a inscrit Caroline à l'examen d'entrée pour devenir, comme elle, employée de commerce, ses résultats ont été tellement bons qu'Angélique a été interpellée par le préposé aux examens, il l'a accusée d'avoir procuré les épreuves à sa fille. Étrange retour des choses s'il en est.

Grâce s'est ainsi retrouvée dans la vie active très jeune, gagnant rapidement un bon salaire. Très jeune, comme l'avait fait sa mère, elle a loué un studio et est devenue autonome.

Très jeune aussi, Caroline a eu un amoureux qui habitait à cent mètres. Elle y passait beaucoup de temps et devenait de plus en plus agressive avec sa mère. Un jour, quand Angélique l'a entendue parler de la mère de son amoureux, elle a compris que, déjà à l'époque, elle n'était pas la mère que Caroline aurait voulu.

Caroline peut se rassurer, elle n'est pas non plus la fille aimable, aimante et agréable que sa mère avait désirée.

Angélique lui avait écrit une longue lettre. Caroline avait compris quelque chose puisque leurs rapports étaient redevenus plus courtois, plus aimables...

Un peu plus tard, alors qu'elle était apprentie, Caroline est partie aussi, non sans avoir demandé à sa mère de la sustenter.

- Tu es assez grande pour mener une vie de femme, tu es aussi assez grande pour en prendre l'entière responsabilité.

- Ta chambre est là, tu as une place à la maison. Si tu veux partir, c'est ton choix, mais assume.

C'est surtout l'amoureux qui était très en colère, il n'avait pas prévu cela comme ça !

Pour rendre à César ce qui est à César, Angélique a fait connaissance un jour de la mère, mais oui cette mère idéale pour sa fille. Grande surprise ! Elle était très heureuse de leur départ, elle était enfin à nouveau chez elle. Parce que lorsque Caroline et son fils étaient ensemble à la maison, elle se sentait comme l'intruse, passant la plupart de son temps à la cuisine pour laisser le salon.

Il avait lui aussi un sacré caractère, le mâle de la maison quoi ! Quand, quelque temps plus tard, il a voulu revenir à la maison, se rendant certainement compte des avantages qu'il avait perdus, elle a refusé ! Chapeau bas !

Ainsi, les deux filles d'Angélique sont parties très jeunes, enfin reparties... et les deux sont revenues, un peu plus tard. Et Angélique n'a pas fait juste ? Elle ne sait même pas quoi d'ailleurs !

Grâce et Caroline arrivaient à l'âge adulte lorsqu'Angélique a repris un restaurant. Durant deux ans, Grâce a travaillé avec sa mère. Caroline venait également à l'occasion rendre service.

Joseph aussi se trouvait très à l'aise ! Il lui arrivait même de se croire le patron. Quand Angélique avait le dos tourné, il a dû recevoir pas mal de cadeaux de sa part... et elle les lui offre volontiers !

Cette période a permis à sa "famille" de se réparer, puisque six jours sur sept, elle était là, disponible.

De ce point de vue là, elle en garde un excellent souvenir. Pour Grâce et Caroline, finalement elle ne sait pas.

Angélique a fermé le restaurant.

Durant un an, elle a voyagé, suivi des ateliers de développement personnel et deux formations professionnelles.

Caroline a eu un nouvel amoureux. Assez rapidement, ils ont décidé de se marier. Dans le souvenir d'Angélique, elles ont été proches à ce moment-là, mais c'est dans son souvenir !

Aïcha est née. Oh ! Quel beau cadeau ! Une nouvelle vie, un nouvel être. Elle arrivait au beau milieu d'un monde d'adultes, la première partout, première petite-fille dans la famille d'Angélique, première petite-fille dans la famille de Joseph, première petite-fille dans la famille de son père. Durant plusieurs années, elle était la seule enfant dans un monde d'adultes, mais ceci est une autre histoire, c'est son histoire.

Après de longues fréquentations, Grâce a également convolé...

Un petit-fils est né, puis une autre petite fille. Angélique les adore. Elle doit vraiment être encore un peu enfant, elle se sent si proche d'eux.

Angélique se souvient :

Adeline coquine

Elle a aujourd'hui 18 mois.

Quand je suis arrivée, elle a d'abord été timide durant deux minutes, en regardant un peu le sol. Après, quand elle s'est laissée aller, quelle joie pour moi... Elle court et on dirait qu'il y a un petit ressort sous chacun de ses pieds qui la fait légèrement rebondir à chaque pas. Elle se lance dans mes bras avec une totale confiance. Elle se laisse embrasser, câliner, serrer, retourner et elle rit, elle rit de ce rire qui vous ouvre le cœur et y met du baume... de la vie pure, du bonheur pur, de la joie pure, de l'amour pur !

Promenade au bord du lac Léman.

Nous marchons le long de la rive, là où un mur a été construit, haut d'un mètre, pour séparer le sol des quelques grosses pierres qui garnissent le rivage et se font laver, dans un mouvement éternel, par l'eau. Elle veut marcher sur le mur, mais pas trop, elle est déjà devenue prudente, souvenir de chutes ! Ou alors c'est moi qui, en lui disant "attention, pas tomber, ça fait mal", lui rappelle ou lui suggère la prudence !

Elle ramasse des feuilles mortes et c'est joli de voir qu'elle veut en garder beaucoup mais qu'à mesure qu'elle se baisse pour en ramasser, elle en perd d'autres.

Plus loin, quelques arbustes et une petite plage de sable avec des canards, car nous sommes venues pour voir les canards... Et bien non, ce sont des mouettes... c'est bien aussi les mouettes ! Elle n'arrive pas à dire, pour elle ce sont des "m'et"... Un peu plus tard un col vert nous fait l'honneur de son passage !

On ramasse quelques pierres, pour les lancer dans l'eau et entendre le "plaf". Adeline, avec un énorme effort lance sa pierre à vingt centimètres d'elle... Alors je fais provision de pierres et on s'installe sur un petit rocher. Ma réserve ne fait pas long feu. Je crois entendre un "encore"... je ne peux pas la laisser seule sur ce rocher... alors c'est sous mon bras qu'elle se retrouve pour retourner, aller chercher d'autres pierres et on recommence... C'est merveilleux comme les enfants peuvent aimer quelque chose de simple un long moment... encore et encore et encore des pierres... et encore des "plaf" dans l'eau...

Nous prenons le chemin du retour, un petit sentier entre deux pentes et soudain, dans toute sa majesté, un cygne glisse sur l'eau et se dirige vers le rivage...

Demi-tour vers la plage ! Avec prudence, nous approchons le palmipède. Lui aussi avec prudence vient vers nous ! A un mètre, tout le monde s'arrête, il balance son long cou de gauche à droite, déploie ses ailes pour nous faire découvrir sa belle envergure, nous salue, se retourne et après quelques pas glisse à nouveau sur l'eau avec majesté. Adeline aurait voulu le toucher, j'ai préféré la retenir.

Nous remontons vers notre sentier puis vers un autre mur, haut de cinquante centimètres... Adeline marche sur le mur, je lui donne la main... puis elle court, elle adore courir...

Soudain, un écureuil est là, qui fait sa réserve, enfin c'est ce qu'on dit ! Je mets un doigt devant ma bouche : chut! Et on regarde l'écureuil ! Elle a une envie spontanée de courir vers l'écureuil pour le saluer, le toucher, le regarder...

- Il va partir, attends.

Et nous regardons jusqu'à ce qu'il décide de grimper dans son arbre...

Adeline tend ses deux bras vers moi... la fatigue doit la gagner, elle frotte ses yeux et pose sa tête sur mon épaule ! ça aussi c'est divin !

Quelques mètres plus tard je suggère
- tu marches
 et je joins le geste à la parole...

Là encore, sur le chemin du retour, elle s'arrête sur chaque fleur, piquet, chaîne...

- La route c'est pour les voitures, le trottoir c'est pour nous...

et, malicieusement, elle met son petit pied à ras bord du trottoir et me regarde !

- Non, la route c'est pour les voitures...
- d'a'c'or !

et elle court vers moi ! Adeline coquine...

C'est son deuxième prénom m'a dit ma fille!

L'argent

L'argent, c'est dur à gagner. Il faut économiser pour avoir une réserve en cas de problème. Il ne faut pas le jeter par les fenêtres. Avoir de l'argent c'est important. Être riche, avoir des moyens, c'est important ! Il ne faut pas le dépenser avant de l'avoir gagné. C'est cela qu'Angélique a appris par rapport à l'argent.

Dans les faits, son père savait en gagner. Il l'investissait dans des outils de travail. Il faisait de beaux cadeaux à sa mère. Angélique en a déduit qu'un homme qui aime fait de beaux cadeaux.

Séraphine était plus pour le bas de laine, pour faire des réserves, au cas où ! Pour ses effets personnels, elle ne regardait pas à la dépense, elle a toujours aimé les belles choses. Au sujet de l'argent, ils n'étaient pas toujours d'accord.

- On se gratte avec ses ongles !

C'était une réflexion de son père, le jour où elle est allée lui demander de l'aider... une énième fois...

Mais commençons par le commencement.

Son grand-père paternel a gagné beaucoup d'argent dans sa vie. Il était métayer en France, mais avait le goût de devenir propriétaire.

Comme il savait chanter et présentait bien, il allait se produire pour gagner de quoi acheter des terres. Il a su faire, comme on disait. Quand la première guerre a commencé, il est revenu en Suisse.

Comme il a eu de nombreux enfants qui travaillaient dur, il est ainsi devenu propriétaire de plusieurs domaines. Il avait réussi.

Le père d'Angélique travaillait sur l'un de ces domaines, le plus grand. Avec sa famille, il a lui aussi bien prospéré. Le drame de sa vie : son propre père a vendu la terre qu'il exploitait à l'armée suisse. Après quelques années, lorsque ce nouveau propriétaire a voulu utiliser son bien, la famille a dû partir. L'armée qui, selon les dires du père d'Angélique, lui avait promis de pouvoir exploiter un de leurs domaines à vie, leur en a proposé un autre.

Mais quand, trois ans plus tard, la famille a dû à nouveau partir, parce que l'armée voulait à nouveau utiliser son bien, c'en était trop. En trois ans, le père d'Angélique commençait à voir le résultat de son travail et il allait partir en fumée. Il a trouvé à devenir fermier d'un particulier.

Comme sa femme, la mère d'Angélique, rêvait de vivre dans une belle maison toute neuve lors de leur retraite, ils regardaient pour acquérir un peu de terre pour la construire. Ils ont trouvé à acheter un domaine dont voici quelques brins d'histoire.

Le petit lopin de terre

Il y a bien des années au milieu de mes pairs
Ma vie était fort belle au rythme des saisons
Je voyais défiler vaches veaux et moutons
Quelquefois un cheval une poule un lapin
J'avais pour destinée voie simple naturelle
Celle de continuer à nourrir tout ce monde

Mais mon propriétaire un homme de ressources
Aimait à distiller et c'était interdit
Il n'y a aucun mal à faire de l'eau de vie
A condition bien sûr de ne pas se faire prendre
Il fut pris sur le fait alors bien entendu
Impossible de passer sans payer une amende

Impôts État tricher je n'ai pas bien compris
Pourquoi ce fait fut si gravement considéré
Pour mon patron d'alors impossible de payer
C'est pour cela qu'il fut obligé de me vendre
A une famille venue d'un tout autre district
Qui voulait pour y vivre acquérir une terre

Durant quelques années ma vie ne changea pas
J'ai bien vu tout autour pousser quelques maisons
D'abord celle du fils et puis celle du père
C'était un peu plus loin et pas trop dérangeant
Mais un jour quelques hommes sont venus piétiner
L'herbe tendre en parlant de chemin pour passer

Juste à côté de moi mon frère le lopin
Devenait quelle aubaine un chemin communal
Se serait contenté d'être chemin privé
Mais il fallait voir grand parler de l'avenir
Cent quarante fourmis que ça leur a coûté
Les conseillers d'alors en avaient décidé

Moi le petit lopin me suis vu encerclé
Même si j'étais promis à grande destinée
Devenir moi aussi un chemin communal
Je commençais quand même à me sentir coincé
Une route par ci une maison par là

Un seul côté restait ouvert sur la campagne

Puis un jour au village changement de conseillers
Il y a même le beau-frère de celui qui a payé
Pour avoir trop aimé les pommes distiller
Autres gens autres buts autres façons de penser
D'autres chemins il est question d'aménager
Voilà pourquoi jamais ne serai communal

Aujourd'hui je demande à tous ces conseillers
Que veulent-ils faire de moi sans doute m'oublier
Garder ma qualité de terrain à bâtir
Devenir place de jeux faire plaisir aux enfants
Ou jardin potager pour mes nouveaux voisins
Non aire de repos pour le gouvernement

Théa d'Albertville - 25 mai 2001

  Dans la famille de sa mère, Angélique a entendu cette histoire de son grand-père paternel qui avait perdu son domaine. L'argent était une histoire d'hommes. C'est ainsi que parfois, après une soirée bien arrosée, on demandait à un homme de cautionner pour un achat. L'homme un peu naïf, ou avec l'esprit un peu trop embrumé, signait. Et quelque temps plus tard, pour honorer sa signature, on venait lui confisquer son domaine pour couvrir la dette de son "ami". Les lois ont changé, maintenant la signature de la femme est nécessaire pour ce genre de transactions. Belle ironie du sort, ce domaine est aujourd'hui à nouveau propriété de la même famille !
  Séraphine a vécu son enfance d'une manière simple.
  Angélique a toujours eu un étrange sentiment à ce sujet, celui qu'il fallait cacher le fait. Ça n'était pas glorieux d'être née "en bas les Poses" et d'être la fille de "Jacques aux corbeaux". Elle la ressent encore aujourd'hui cette impression, et croit que ça ressemble à de la honte. Le sujet de son héritage laisse Séraphine froide, avec un masque de rigidité qui se défend en parlant de "quand même quelque argent" ou de "pas très fort en affaire" à propos de son père.
  Angélique en a déduit qu'être modeste, c'était mal ! Dans sa famille on réussit ce qu'on entreprend, on est fort. L'argent est le signe de la réussite et c'est une affaire d'hommes. Mais alors comment fait la femme ?
  Pour avoir de l'argent, il fallait être gentille ! C'est ce qu'il y a dans son souvenir.
  Son frère aîné gardait des lapins, des moutons et il se faisait de l'argent.

Ils allaient aussi ramasser des escargots qu'il vendait. L'élevage et le commerce étaient une affaire d'hommes.

Angélique n'a pas su apprendre ou pas su comprendre que l'argent était la représentation du travail qu'elle fournissait, donc de sa propre capacité à en faire. Elle ne se souvient pas d'avoir eu de l'argent de poche, même pour le travail qu'elle faisait. Quand elle en recevait, c'était plus en lien avec son comportement.

Au moment des étrennes, en fin d'année, comme elle avait comme parrain et marraine deux de ses grands-parents, elle recevait moins que ses frères et sœurs plus jeunes qui eux avaient des parrains et marraines d'une génération après. Elle trouvait cela injuste. Et quand le moment de sa confirmation est venu, et qu'il fallait trouver une nouvelle marraine, rebelote, on lui a choisi l'épouse de son grand-père, sa grand-mère paternelle étant décédée, il s'était remarié. Marraine Jeanne, une année, avait pris l'initiative de lui acheter un livre de messe qu'elle n'avait bien entendu pas demandé. Cette année-là, au lieu des dix francs habituels, elle n'a reçu que cinq francs.

Tout l'argent qu'elle recevait en présence de son père et sa mère devait obligatoirement finir dans sa tirelire. Cet objet avait en-dessous de la fente, une série de dents qui empêchaient ou étaient censées empêcher le retrait des pièces. Mais pas bête la guêpe, à l'aide d'un couteau, elle pouvait quand même récupérer les pièces pour pouvoir jouir de son argent.

Mais c'était interdit, alors elle se sentait coupable.

Il y avait aussi l'argent qu'elle gagnait "en cachette".

La famille avait un employé du nom de Calixte. Le samedi après-midi à cinq heures, il passait une série de Tintin et Milou à la télévision. Son frère Victor qui travaillait à l'étable pleurait parce qu'il ne pouvait pas regarder Tintin. Alors son père venait éteindre le poste et plus personne ne pouvait regarder Tintin. Il fallait aller râteler l'herbe, mais oui, toujours le même outil qu'Angélique adorait ! Et là, elle arrivait au champ en pleurant parce qu'elle ne pouvait pas regarder Tintin.

Alors Calixte entreprenait de la consoler. Il savait bien comment, en lui donnant une pièce de cinquante centimes. Il ouvrait son porte-monnaie et la regardait d'un air lubrique. Il voulait quelque chose en échange, il voulait qu'elle l'embrasse. Toute l'astuce consistait à obtenir la pièce sans l'embrasser. Il se rasait une fois par semaine et surtout il chiquait, imaginez la scène : ce vieux cochon qui achetait un baiser d'une gamine de sept ou huit ans. Et bien Angélique le voulait cet argent. Quand il lui tendait la pièce, il lui attrapait la main, mais lorsqu'il essayait de lui coller sa bouche dégueulasse sur la sienne, elle réussissait chaque fois à se dégager, enfin presque !

Elle était cupide ou déjà vénale ?

Sa relation à l'argent avait pris du plomb dans l'aile, si on peut dire, elle avait le goût de chique ! C'est de la faute à personne, c'est comme ça.

L'argent a mauvaise réputation chez beaucoup de gens et pourtant c'est le résultat, la manifestation du travail fourni, du mérite ou de notre prospérité, lorsqu'il tombe tout seul dans l'escarcelle ou qu'on naît avec. C'est une forme d'énergie qui permet de combler nos besoins, de réaliser nos rêves. Aujourd'hui, Angélique le sait.

Plus tard, quand elle est allée à l'école secondaire, il y avait sur la route qui l'y menait, une camarade qui elle avait de l'argent de poche. Ô comme Angélique appréciait, à la sortie de l'école, quand elles faisaient une halte au tea-room du coin et que sa camarade lui achetait un ou deux canapés. Elle lui était très reconnaissante et très attachée. Elle avait une tête de plus, et Angélique était toujours collée à ses basques, elle la protégeait. C'est ce qui avait fait dire à sa sœur qu'Angélique devait avoir des tendances homosexuelles. C'était plutôt une grande affection où l'autorité que la copine dégageait et l'argent de poche qu'elle avait étaient pour quelque chose.

Était-elle cupide ? Elle aurait pu aussi trouver le moyen d'avoir davantage d'argent par elle-même, sauf qu'elle avait acheté la croyance que ça devait venir de quelqu'un d'autre.

Lorsqu'elle en avait, elle le dépensait rapidement. C'était plus un moyen de se faire plaisir, avec de la nourriture, des sucreries, avec en prime un sentiment de culpabilité. L'argent avait mauvais goût, elle s'en débarrassait en consommant des choses qu'elle aimait. Ensuite elle culpabilisait sur la manière d'avoir obtenu l'argent, d'avoir acheté en cachette des gourmandises, de les avoir mangées. Infernal, ce cercle.

Lorsque Angélique a eu quinze ou seize ans et que les garçons ont commencé à la courtiser, il était d'usage que quand un garçon invitait une fille, il paie. Et cet étrange sentiment lui collait à la peau : du moment qu'il paie, il va vouloir quelque chose en échange !

Ses débuts dans la vie de femme ont été dévastés à cause de ce rapport qu'elle avait avec l'argent et les liens malsains qu'elle faisait avec la sexualité, et même avec le bon Dieu.

Elle n'en avait bien sûr pas conscience sur le moment. Elle l'a découvert des années, beaucoup d'années plus tard.

Joseph, le père des enfants d'Angélique, était toujours fauché. Quand elle l'a rencontré il était apprenti et gagnait cinquante francs par mois. Elle avait un salaire très supérieur. Il est possible que son rapport à l'argent soit pour quelque chose dans cette relation. Il n'en avait pas, ça ne pouvait pas être corrompu ! Aurait-elle inconsciemment épousé quelqu'un de fauché pour qu'il ne puisse pas lui demander quelque chose en échange ? C'est un peu tiré par les cheveux, mais possible !

Par contre, ça ne semblait pas poser un problème à Joseph. Il a toujours su en trouver pour être bien habillé, il prenait grand soin de son apparence, il lui faisait de beaux cadeaux. Plusieurs fois, alors que le couple accumulait les factures en retard, c'est vers ses parents à elle qu'ils sont allés crier à l'aide. C'est comme cela qu'elle a entamé son héritage, en payant des factures en retard.

Plus tard, Joseph pour son travail avait de l'argent sur lui, un fond de caisse. Quand il manquait d'argent, il y puisait. A la fin du mois, au moment de faire les comptes, il fallait d'abord vérifier combien il manquait et ça grevait déjà leur budget du mois suivant. Ils se sont mariés en faisant des dettes pour acheter des meubles, ils avaient de très modestes moyens. Angélique avait acheté un manteau loden, puisqu'elle était enceinte et devait accoucher en décembre, elle a mis six mois pour le payer et l'a conservé très longtemps.

Il avait toujours des idées d'avance pour dépenser. Ils avaient acheté une deux chevaux neuve à crédit. Elle était géniale cette voiture, mais pas assez bien pour Joseph puisque juste arrivé au dernier versement, il arrive avec une belle "Ford" couleur bronze qu'il avait trouvée en visitant les garages. Il a fait faire un tour à Angélique et elle a été séduite par le confort, elle a accepté un nouveau crédit ! Il connaissait ses points faibles.

Un jour, c'était l'anniversaire d'Angélique, Joseph arrive avec Grâce et Caroline, chacun des trois un bouquet de roses dans les mains. Elle a été touchée de l'attention, c'est vrai. Mais après, pourquoi pas chacun une rose, cela aurait suffi, vu l'état de leurs finances.

Quand elle l'a quitté, ils venaient d'aller pour la énième fois demander de l'aide au père d'Angélique qui a dit non. Il a bien fait. Joseph se rendait alors chez son propre père pour la même raison. Ce jour-là, il a détruit leur belle voiture bronze à un endroit où il n'était pas du tout censé être. Oui, la fidélité n'a jamais été son point fort, nous en reparlerons plus tard.

Avec ses trois cents francs en poche, Angélique a recommencé sa vie. Lorsqu'elle a trouvé un appartement, c'est chez les compagnons d'Emmaüs qu'elle s'est rendue pour acheter des meubles, Joseph ayant refusé de lui laisser même les lits de leurs filles.

Plusieurs fois, elle a hérité de jolies sommes de sa famille. Elle s'est acheté de beaux meubles et a aménagé joliment son intérieur. De plus, elle gagnait bien sa vie. L'argent n'a pas été un problème durant de nombreuses années.

Pour Angélique, l'argent avait un lien profond avec la honte, peut-être à cause du goût de chique ! Est-ce à cause de cela qu'elle trouvait un moyen ou que la vie lui amenait des solutions pour s'en débarrasser ?

Une première histoire d'argent lui est arrivée avec son amie Berthe. Elles habitaient la même maison, une au rez-de-chaussée et l'autre au premier. C'est elle qui hébergeait ses filles à midi et qui veillait sur elles après l'école.

Berthe gagnait beaucoup d'argent dans la vente, enfin c'est ce qui semblait. Elle avait même engagé Angélique, ce qui lui a permis de faire l'expérience de la vente au porte-à-porte. À Angélique qui était la timidité incarnée, se voir claquer la porte au nez ou insulter, mais continuer parce que la prochaine porte serait peut-être la bonne, ça lui a forgé le caractère. Et Berthe avait une volonté incommensurable.

Quand elle avait fait une belle vente, elle savait faire la fête, bon repas, champagne dans les boîtes, danse et rigolade jusqu'au petit matin. C'est elle qui payait tout, et Angélique avait un penchant pour ceux qui paient.

Un jour, Berthe lui dit qu'elle avait gagné à la loterie. Elle savait inventer, raconter, broder de détails, elle avait une imagination débordante. Malheureusement, il y avait un petit problème pour l'encaissement, vu qu'une des croix sur le bulletin de jeu était légèrement à côté du numéro. Elle avait dû engager un avocat, ça coûte cher les avocats.

Angélique se rendait très souvent chez Berthe, qui inventait à mesure la suite des événements.

- Je leur ai demandé de m'amener l'argent ici, des liasses de billets !
- Ils arriveront avec un camion blindé, ça fera du bruit dans le quartier !
- Quand j'aurai touché mon argent, je te ferai construire une maison à côté de la mienne, sur les hauts de Montreux !
- Tu seras mon assistante et je te paierai deux cent mille francs par année, tous frais payés.
- Nous vivrons comme des reines !

Et Angélique y croyait. Ou plutôt elle avait envie d'y croire. Elle trouvait le rêve tellement beau qu'elle n'avait aucune envie de le casser. Berthe entretenait le rêve en faisant continuer l'histoire, en inventant au fur et à mesure. Très forte, Berthe, très forte !

Pendant ce temps, elle demanda à Angélique de lui prêter d'abord une petite somme. Elle a accepté sans problème. Deux ou trois mois plus tard, elle lui demande à nouveau de l'argent. A ce moment-là, Angélique n'avait pas d'économies, c'est comme ça qu'elle a emprunté pour lui en donner.

Quand elle avait fait une belle vente, elle lui en remboursait un peu, histoire de la garder au chaud. Puis elle lui demandait à nouveau quelques cents francs.

Un jour Angélique a quand même dû casser ce rêve et lui dire non, non sans y avoir laissé des plumes !

Une autre fois, c'était un bel homme portugais du nom de Francisco-José da Silva. Très bien de sa personne, des petits crocodiles sur ses habits, il savait séduire, il savait inviter, offrir des petits cadeaux. Angélique était la cible idéale, tellement sensible à ce genre d'attentions. Les voleurs sont vraiment de fins psychologues, ils savent évaluer quelle proie sera la plus facile. Il voulait monter un commerce d'import/export de poissons et fruits de mer. Angélique a gardé une reconnaissance de dette avec de beaux timbres officiels du canton de Vaud bruns et oranges. Après avoir reçu l'argent, il a disparu de la circulation. C'était de l'escroquerie en bonne et due forme.

Quand elle a voulu réagir, on lui a demandé si elle avait eu une relation amoureuse avec lui. Comme c'était le cas, enfin elle l'avait cru, il y avait peu de chance que des poursuites aboutissent.

Par ailleurs, elle aurait eu l'air de quoi, se faire abuser pareillement. C'est la honte de s'être fait piéger qui l'a retenue d'intenter une action en justice. Des Francisco-José da Silva, il devait en exister des centaines, et dans sa naïveté, sa crédulité, on pourrait même dire sa stupidité, elle n'avait même pas exigé une copie de son passeport ou d'un acte de naissance.

Il y a cette espèce de crainte de s'entendre dire :
- Mais enfin tu ne m'aimes pas ?
- Tu ne me fais pas confiance ?
- Puisque notre amour compte si peu pour toi, je te quitte.

Et les petits malins comme lui connaissent parfaitement les faiblesses des femmes comme elle et en jouent, en usent, en abusent.

Vous voyez comme Angélique s'arrangeait pour ne pas accumuler de cet argent qu'elle croyait sale.

Avec Louis, elle avait son modèle masculin idéal de l'époque : quand l'homme aime, il paie. Et il ne regardait pas à la dépense. Les grands hôtels, les meilleurs restaurants, c'était sa manière de vivre et Angélique était comblée.

Le jour où il lui proposa de contribuer à son bien-être en lui donnant une certaine somme d'argent chaque mois, elle a d'abord été choquée, offusquée même. Il voulait entretenir sa maîtresse, et elle trouvait la place indigne, dans un premier temps ! Mais quand il réitéra sa demande quelques jours plus tard, réflexion faite, elle a accepté. On est vénale ou on ne l'est pas !

Voyons Angélique, quelle sévérité ! Elle n'était pas consciente de tous ces mécanismes à l'époque. Elle avait au fond d'elle-même un malaise... la honte lui tournait autour, avant de la pénétrer, honte au plus profond de l'être ! C'est comme ça qu'elle fait son sale boulot, c'est de la teinture, ça vous imprègne !

L'argent et Fuat, mais oui, son amoureux macédonien, c'est une autre histoire. Quand il avait passé du temps chez elle, il n'avait pas manqué de visiter ses tiroirs. Ainsi, il connaissait le montant de certains comptes en banque.

Un jour qu'elle était en Macédoine, il lui dit qu'il voulait monter une affaire d'importation de café de l'Albanie. Elle lui répondit qu'elle ne pouvait pas, qu'elle n'avait pas d'argent, ce qui était un peu vrai puisqu'il s'agissait de son compte retraite. Elle avait déjà appris quelques leçons, mais visiblement pas encore assez.

Il lui rétorqua que ce n'était pas vrai, qu'elle était riche et que c'était vraiment ingrat de sa part de ne pas lui faire confiance, lui qui avait tellement fait pour elle. Il est vrai que, lors de chacun de ses voyages, c'est lui qui subvenait à tous les frais.

Alors elle lui a "prêté" les quelques mille francs qu'il lui demandait, se disant qu'il devait avoir dépensé bien davantage en sa compagnie.

Et elle n'en a jamais revu la couleur. Quand elle s'est retrouvée en face de lui, au tribunal, Fuat devait avoir préparé sa défense en fonction de l'argent alors que c'était pour harcèlement qu'elle l'avait dénoncé. Les beaux voyages, les meilleurs hôtels, les bijoux, les fleurs, les bons restaurants, elle a ainsi contribué à la dépense et c'est bien ainsi, les bons comptes font les bons amis. Amen.

Son rapport à l'argent était vraiment faussé. Il y a même une chirologue, de celles qui lisent les lignes de la main, qui a dit un jour à Angélique que par rapport à l'abondance, elle était partie dans l'autre sens, vers la pauvreté, et qu'il n'était pas nécessaire d'aller revoir de l'autre côté, parce qu'après il lui faudrait des vies pour faire le chemin à l'envers. Elle pouvait rétablir la situation, l'argent était juste une énergie qui évoluait en fonction du rapport qu'on avait avec elle. Cette leçon-là aussi lui a été utile.

Aux télécommunications, Angélique gagnait très bien sa vie. Mais elle avait des rêves. Elle n'a pas tenu compte de l'acquis, de cette capacité qu'elle avait de recevoir de quoi vivre très aisément. Ses filles étaient parties, elle n'avait plus que sa peau. L'argent n'était pas si important, réaliser ses rêves l'était davantage.

Elle renonce ainsi à un salaire de presque cent mille francs par an pour devenir indépendante et reprendre un restaurant, un rêve qu'elle avait. Était-ce du courage ou de la témérité ? Elle est partie aussi pour échapper à une situation qui ne lui convenait plus.

L'argent n'a pas fait une grande différence dans sa décision, puisqu'elle négligeait sa valeur.

Après deux années dans la restauration, Angélique a renoncé à cette activité pour se lancer dans une formation dans le domaine du développement personnel. Année sabbatique pour suivre des cours et après, souvenez-vous rejoindre Fuat en Macédoine.

Mais l'univers en a décidé autrement.

Ses deux diplômes d'animatrice-conférencière et intervenante en relation d'aide en poche, elle a ouvert, il y a plus de dix ans un cabinet de thérapeute.

La thérapie et l'argent, voilà bien un débat contradictoire. Angélique a reçu une liste de personnes en Suisse qui ont des "secrets", plus de cent soixante personnes. Au bas de cette liste, on peut lire : Le principe même des personnes ayant reçu un don du ciel fait que leurs soins sont gratuits... Et elle, elle a choisi de gagner sa vie en étant thérapeute !

Rapidement, elle a remarqué qu'il n'était pas simple de remplir un cabinet de clients. Payer cent francs pour nonante minutes de discussion, pour creuser dans sa vie et y trouver des croyances, des attitudes, des comportements, voire des événements qui peuvent être douloureux à remémorer, il faut être, comme elle, un peu masochiste.

Elle reste persuadée que c'est la bonne formule, revisiter son passé douloureux pour le nettoyer et l'épurer, pour avoir accès à d'autres belles cassettes, à d'autres beaux souvenirs qui étaient cachés par la douleur et les blessures. Pourtant elle en est encore aujourd'hui à se demander comment amener les personnes à s'occuper un peu plus de leur monde intérieur et un peu moins du paraître.

Secrétaire à mi-temps dans un service social d'état, c'est le premier travail qu'elle a trouvé pour s'assurer un revenu minimum de base. Avec son patron, ils avaient eu un entretien d'embauche très agréable, presque amical, où ils avaient convenu que, en plus des tâches administratives, comptables et informatiques qu'elle aurait à exécuter, elle pourrait également s'initier à l'accompagnement. C'est ce qu'elle avait compris, mais la communication est un domaine si élastique !

Après quelques mois où l'entente a été quasiment cordiale avec la dizaine de personnes que comportait ce bureau, tout a changé. Il faut dire que son chef venait du domaine des soins et que les compétences d'Angélique du domaine administratif étaient largement supérieures à celles de son patron. Il aurait pu l'utiliser, la laisser comme c'est dans son caractère améliorer les déroulements de tâches, organiser différemment certaines activités, y mettre toute la créativité dont elle était capable. Au lieu de cela, il a dû se sentir en danger puisqu'il a commencé une stratégie d'élimination inhumaine, le harcèlement moral.

Il devait être malade puisqu'il arrivait le lundi matin avec des marques sur les mains qui ressemblaient à des brûlures. L'observation a fait réaliser à Angélique que c'est en se frottant le dessus des mains, comme il le faisait quand elle lui demandait un entretien pour tenter d'arranger les choses, qu'il finissait par être brûlé.

Quand elle proposait un nouveau formulaire ou une nouvelle procédure, il lui renvoyait son travail devant tout le monde. Plus tard, même quand elle prenait une simple initiative, il la remettait à sa place de "simple secrétaire". Petit à petit, il a semé le doute dans l'esprit de ses collègues, ce qui fait qu'elle se retrouvait mise à l'écart. Un jour elle avait écrit sur l'écran de veille de son ordinateur :

- Je suis seule sur cette île pas déserte.

Cette impression d'être sous la loupe, regardée de travers est devenue rapidement insupportable.

Alors Angélique a sorti sa boîte à outils. Le moment le plus important est de prendre conscience de la situation, d'être capable de la mettre sur la table et de l'observer, sans se sentir impliquée. C'est ce qu'elle a fait et là elle a réalisé qu'elle était victime de harcèlement moral.

Quelles étaient ses possibilités, réagir, aller se plaindre auprès de ses supérieurs avec qui son patron était politiquement lié, ça ne lui a pas paru une bonne idée. La place de suppléant devenait libre. Elle a préféré contre-attaquer en postulant. Son chef a ri, il lui a dit que sa candidature n'était même pas prise en considération.

Toute cette pression durant ces quelques mois l'avait rendue vulnérable. Elle a préféré démissionner au lieu de se rendre au service du personnel soit pour réagir, soit pour demander un autre poste.

La sécurité d'une place d'état, même à mi-temps, c'est exactement ce dont elle avait besoin. Négligeant cet aspect, elle est partie, la tête haute.

Et cet être malade s'est mis à harceler quelqu'un d'autre. Il a quand même fini par être viré. Elle y a contribué par son témoignage. Même si c'était quelques mois plus tard, ça a fait du bien à sa dignité.

Angélique s'est retrouvée complètement à sec. Son compte retraite avait fini par disparaître. Son joli logement de trois pièces, il fallait le laisser. De toute façon, elle passait quasi tout son temps chez Christian, c'est comme ça qu'elle en est arrivée à lui proposer de venir vivre chez lui, en lui forçant un peu la main, et il a fini par accepter.

Sa sœur Dolores et son mari avaient été d'accord de cautionner avec elle lorsqu'elle avait pris cet appartement. La caution a, nous l'avons déjà vu, un effet à deux côtés. Lorsqu'Angélique a laissé ce dernier travail, sa sœur s'est permise de critiquer gravement, enfin vu de sa fenêtre de l'époque, sa manière de gérer ses affaires. Se lancer dans le développement personnel était pour elle du pur crétinisme.

- Tu ramènes ta science !

- Tu répètes ce que d'autres t'ont appris !
- Tu ne marches pas droit ma sœur !

Qui répète le mieux ce qu'on lui a appris qu'une maîtresse d'école ? L'histoire nous montre que les belles certitudes devraient avoir des dates limites de validité puisque avec le temps, elles changent. D'ailleurs dans peu de dizaines d'années, nos comportements actuels dans bien des domaines seront considérés comme complètement irresponsables et inhumains.

Angélique a été encore plus profondément blessée lorsque, au lieu de l'aider comme elle l'avait promis en la cautionnant, Dolores est allée négocier auprès de la gérance un arrangement de paiement.

Lui faire ça à elle, comme si elle était incapable de gérer sa vie, comme si elle avait besoin d'elle pour cela. Dolores a toujours aimé se mêler des affaires des autres, souvenez-vous le conseiller conjugal !

Non, Angélique n'est pas en train de régler des comptes, la vie a eu son lot de souffrances et de difficultés pour sa sœur aussi. C'est une bonne personne qui s'inquiète facilement des autres et qui aime diriger. Chaque qualité à son défaut, et inversement.

Cet événement est important pour la colère qu'il a fait vivre à Angélique. C'est la guerrière qui a réagi et qui a complètement étouffé la victime qui se trouvait dessous. C'est le masque d'injustice, une carapace de raideur, d'orgueil, de dureté envers les autres, mais elle en était la première bénéficiaire.

Aujourd'hui, Angélique sait que c'était pour cacher cette vulnérabilité, toutes ces peurs qu'il y avait dessous. Peur de ne pas s'en sortir, peur du manque, peur d'avoir fait le mauvais choix, peur de ne pas être aimée, peur de ne pas être reconnue. Et la honte, dessus, dedans, autour, la honte, camouflée sous un costume de plaques et de mailles. Elle en a eu des boulons à dévisser, des pièces à enlever pour petit à petit être plus légère et plus libre.

La colère, c'est une des étapes, c'est le début du chemin à l'envers, à condition d'aller voir ce qu'il y a derrière, le sentiment d'impuissance.

Tout en cherchant un autre travail, Angélique a fait une demande pour des indemnités de chômage. Elle avait plusieurs petites activités indépendantes : pigiste pour un journal, accompagnatrice de bilans de compétences, animatrice de cours de bureautique, son ancien métier.

Alors à la question : Êtes-vous prête à laisser vos activités actuelles pour prendre un travail "convenable", elle a répondu non. Erreur. Ce seul non a suffit pour qu'elle n'ait pas droit à ces indemnités. Qui a dit que l'expérience coûte cher ?

Durant cette période, son ami Christian l'a aidée. Il lui a prêté l'argent dont elle avait besoin pour payer ses factures et au moment de le lui rendre, il lui en a fait cadeau. La maison était grande et elle avait bien du travail, mais elle n'avait pas encore bien conscience que sa relation à l'argent avait tant besoin d'être revue et corrigée.

Le ciel a fini par la secourir, enfin... L'idée qu'il nous arrive ce à quoi on croit, que notre vie est le résultat de nos pensées, de nos pensées les plus profondes, devenait de plus en plus convaincante pour elle.

Un changement s'est produit puisque après de très nombreuses postulations, elle a retrouvé un travail de secrétaire. Et là elle est tombée sur le plus humain, le plus courtois, le plus équitable des patrons ! C'était un travail à temps complet mais elle n'avait pas vraiment le choix et retourner dans la vie active lui a fait du bien. Elle avait un salaire honorable et elle a pu ainsi commencer à se réconcilier avec l'abondance.

Ah l'argent ! C'est une énergie presque fluide, puisque personne ne peut s'assurer complètement de ne pas en perdre un jour ou d'en gagner toujours.

Le bureau d'ingénieurs où elle travaillait a fermé ses portes pour raison d'âge des patrons. Ainsi elle n'avait pas fini son voyage.

Angélique aimait à répéter qu'elle se retrouvait chaque fois dans le giratoire, avec une nouvelle route à choisir.

Nouvelle demande au chômage, mais cette fois Angélique était prête à renoncer à ses activités pour prendre un travail "convenable". L'expérience suivante était ailleurs.

La pression de la famille et de l'entourage est forte. Le chômage est pourtant un droit ! En Suisse, être au chômage reste, chez les gens de sa génération, une situation liée à la honte, encore elle. Ceux d'après ont moins de scrupules à utiliser le système et à en tirer le meilleur profit. Le piratage est même un sport à la mode et apparemment ça ne leur pose aucun problème de conscience.

Pour Angélique, se retrouver chômeuse en fin de droit, ça n'a pas été bon pour soigner la honte !

- Moi, j'irais nettoyer les chiottes plutôt que d'être chômeuse !
- Tu travailles où en ce moment ?
- Avec toutes les compétences que tu as, as-tu vraiment envie de travailler ?
- Les chômeurs sont des profiteurs, ils utilisent le système ! Ah excuse-moi, j'avais oublié que tu étais toi aussi au chômage !
- Les chômeurs ne veulent pas travailler, ils veulent juste encaisser de l'argent sans rien faire !

Le miroir c'est quoi ? Ce que les autres te disent tout haut, c'est ce que tu penses tout bas ! Est-ce qu'elle s'accuserait d'être profiteuse ?

Les chiens ne font pas des chats ! Même si dans son monde conscient, elle essaie de se convaincre que c'est un droit, qu'il n'y a aucune raison de culpabiliser, elle doit bien avoir elle aussi ce genre de pensées !

Conscientiser ? Comment apprendre à conscientiser davantage ? C'est facile, ce que les autres lui montrent, ce dont les autres l'accusent, elle le fait ou elle se le fait.

Un autre moyen : Angélique accuse les autres de quoi ? De ne rien vouloir comprendre ! De l'accuser injustement ! Avouez qu'il y a de quoi faire !

Ce temps de calme et de repos lui a permis de se mettre sérieusement à l'écriture.

Qui disait qu'il y avait toujours un mal pour un bien ?

À première vue, elle était payée pour écrire ! Merci la vie !

Le sexe

Certains d'entre vous pourraient bien être choqués. Posez-vous la question de savoir si c'est votre cœur, votre être intérieur qui réagit ou si c'est une de vos croyances, des certitudes que vous avez tenues pour vraies, sans vous demander si c'est bien votre avis ou si vous l'avez acheté de quelqu'un d'autre. Faites cela pour toutes les certitudes que vous avez, vous pourriez être étonné de constater que certaines ne vous correspondent absolument pas.

Chez les grands-parents maternels d'Angélique, Louise sa grand-mère était une femme croyante et prude. Elle a quand même eu sept enfants. Pour les femmes catholiques de l'époque, l'acte sexuel était peut-être bien plus lié au devoir qu'au plaisir, quel gâchis ! Et dire que les enfants étaient le résultat d'un acte considéré comme sale...

Comment vivre en équilibre intérieur avec toutes ces contradictions !

Son grand-père est devenu veuf. Il devait bien aimer le plaisir, puisque même à un âge avancé, lorsque Angélique était déjà adulte, elle a entendu parler de ses aventures, rapport à certaines petites pastilles bleues qui donnent à l'homme une illusion de puissance mais dont le prix à payer se trouve plus au niveau du cœur et de l'estomac.

Métaphysiquement, il est intéressant de constater que c'est le cœur, celui qui aime, et l'estomac, celui qui digère, qui paient le prix du sexe quand il veut se doper de puissance.

Angèle, sa grand-mère paternelle était ce que l'on appelait à l'époque une sainte femme. Elle a épousé celui qui lui était destiné alors qu'il avait déjà quatre enfants en bas âge. Elle a mis au monde quatorze enfants. Elle est décédée à l'âge de cinquante-huit ans, épuisée. Ses quatre derniers enfants sont morts-nés ou en très bas âge.

Et le grand-père d'Angélique se vantait de n'avoir jamais triché l'acte, entendez par là utiliser n'importe quel moyen de contraception, y compris celui pour l'homme de se retirer au moment de l'éjaculation, l'onanisme.

Angélique voit encore le sourire réjoui qui se dessinait sur le visage de son père et de sa mère, quand ils étaient de bonne humeur et que c'était le moment d'aller se coucher.

Le dimanche, les enfants étaient tous envoyés aux vêpres, célébration catholique de l'après-midi, certainement pour que leurs parents puissent avoir un moment de tranquillité. Ils devaient marcher quatre ou cinq kilomètres pour y aller et la même chose pour revenir... ce qui fait qu'ils ont souvent joué dans la forêt au lieu de se rendre à la cérémonie. Mais comme leur père et le curé avaient des idées opposées, leur désobéissance n'était pas découverte, enfin pas toujours.

Un jour Angélique était malade. Le privilège, quand un enfant était malade, c'était de passer la journée dans le lit des parents. Le soir, quand les parents sont venus se coucher, elle dormait. Un moment plus tard, elle a été réveillée par des bruits et des mouvements bizarres. Elle entendait son père respirer fort, sa mère haleter, ils ont fait l'amour et elle était juste à côté. Elle avait le sentiment très fort de ne pas être à sa place, mais elle n'osait pas bouger, pétrifiée. Quand ce fut terminé, sa mère s'est levée et s'est minutieusement lavée et aspirée avec une poire, comme s'il fallait enlever toutes traces de ce qui venait de se passer. Longtemps, Angélique n'a pas supporté de se trouver à côté de quelqu'un qui respire fort, ça lui rappelait ce moment de vol d'intimité...

Son plus vieux souvenir qui touche à la sexualité se passe chez Louise, sa grand-mère maternelle. Elle est en vacances. Elle a remarqué que, lorsqu'elle s'essuie le derrière avec du papier journal, c'était comme ça à l'époque, ça lui procure un certain plaisir.

Elle a alors fabriqué une boule avec le papier, grosse comme une agate, et l'a enfilée à l'intérieur de son corps.

Durant plusieurs heures, elle s'est promenée et cette sensation d'être comme habitée lui a procuré un plaisir inconnu. Évidemment, comme ça touchait le dessous de la ceinture, ce plaisir nouveau a immédiatement été accompagné par de la culpabilité. C'était le début d'une longue histoire entre elle, son corps, le plaisir qu'il peut procurer et toutes sortes de sentiments intérieurs. Elle se sentait coupable, honteuse, sale, indigne, méprisable. Mais ça lui faisait du bien, alors elle restait dans son monde où le plaisir n'était pas interdit.

Elle devait avoir sept ou huit ans.

Un autre souvenir de plaisir. A la ferme où la famille habitait, les chambres à coucher se trouvaient à l'étage. L'hiver, il fallait faire du feu, vers cinq heures de l'après-midi, pour que la chambre soit bien tempérée au moment d'aller se coucher. C'était sa mission.

Ils avaient à l'époque un domestique surnommé Momo. Les domestiques faisaient partie de la famille et ce nom n'était pas péjoratif. Momo avait beaucoup de livres, même si elle ne l'a jamais vu lire. Certains de ses livres étaient emprunts de sensualité.

Angélique entreprenait d'allumer le feu dans le poêle. Elle avait préparé des feuilles de papier journal, des bûchettes au moyen d'une hachette, quelques morceaux de bois et des briquettes, aggloméré combustible en forme de brique, fait de lignite ou de poussière de charbon et de goudron minéral. Après avoir ôté les cendres de la veille, elle faisait une boule avec du papier qu'elle plaçait au fond du poêle, puis elle plaçait les bûchettes et une ou deux bûches de bois. Elle grattait une allumette, s'approchait de la feuille de papier et regardait le travail du feu qu'elle admirait. Quand celui-ci avait pris et qu'un fond de braises commençait à se former, elle rajoutait deux ou trois bûches.

Elle avait emprunté un livre qui relatait les aventures d'un homme et d'une femme. Aucune mémoire des détails, elle se souvient seulement de l'effet que ça lui faisait.

Angélique restait à trente centimètres du poêle, à la limite du supportable, elle avait très très chaud et elle aimait cela. Elle se mettait à lire.

La chaleur, la lecture et son imagination toujours débordante la mettaient dans un état second, elle sentait dans son corps des transformations, surtout en-dessous de la ceinture. Elle ne se caressait pas, ce n'était pas nécessaire. Elle voyageait dans un autre univers, l'univers du plaisir de la chair et elle aimait cela.

Elle restait là un bon moment. Puis elle prenait cinq minutes pour revenir sur terre, là où il y avait ses habituelles copines, culpabilité, indignité, mépris, honte.

Angélique commence à la discerner, à la cerner même, sa vieille copine la honte.

- Tiens, je vais te baptiser !
- Je te baptise **Harpie** !
- Ô toi déesse de la **dévastation**.

Elle a un grand nez crochu avec une grosse mouche noire et un poil qui pousse dessus. Elle a de petits yeux noirs également, enfoncés dans leurs orbites. Son menton est pointu et elle lui a mis sur la tête un foulard couleur caca d'oie afin de cacher ses cheveux d'un gris sale. Elle a l'air tellement fatiguée, elle marche en s'appuyant sur une canne, ce qui fait ressortir l'énorme bosse qu'elle a sur le dos. Elle paraît au moins mille ans...

Elle fait partie de sa vie depuis si longtemps. C'est une de ses créations, il lui appartient de la transformer, de la réhabiliter, de l'embellir, mais surtout de reprendre tout le pouvoir qu'elle lui a laissé.

À la ferme, il y a eu un autre domestique qui se prénommait Aaron. Il avait écrit sur la porte des cabinets "c'est ici que tombent en ruine, les merveilles de la cuisine". Ce devait être pour faire plaisir à Séraphine.

Un jour, Aaron se tenait dans la grange, un mètre à l'intérieur, la porte ouverte. Angélique passait devant cette porte et il lui fit signe de venir vers lui. Il avait un regard spécial. Elle détecta qu'il se passait quelque chose de bizarre, que ses intentions n'étaient pas forcément bonnes pour elle.

Elle a couru tout raconter à sa mère. Les conséquences ont été énormes. Son père l'a amenée chez un homme de loi. Elle a dû parler de ce qui s'était passé à cet homme, très paternaliste qui a tout fait pour qu'elle se sente le plus à l'aise possible.

À cause d'elle, Aaron a fait trois jours de prison. Il paraît qu'il n'en était pas au premier problème de ce genre.

La difficulté, à l'époque, dans le milieu paysan, était de trouver du personnel de qualité. C'était un travail rude et les bons ouvriers ne se bousculaient pas au portillon. Vagabonds, débiles mentaux, marginaux, Angélique a vu défiler un certain nombre d'énergumènes. Avec son père, la poignée de main tenait lieu de contrat d'engagement et il ne prenait pas le temps d'aller vérifier le curriculum vitae du bonhomme, nécessité faisant loi.

Et Aaron allait revenir à la maison ! Angélique était terrifiée.

A cause d'elle, il avait été enfermé et maintenant elle allait devoir à nouveau prendre ses repas à la même table.

Il est resté deux ou trois jours caché dans la forêt. Puis il est revenu d'abord prenant ses repas seul à l'extérieur. Petit à petit, il a repris ses habitudes et est revenu à table.

Rien de tel qu'une expérience comme celle-ci pour vous apprendre à ne pas vous défiler, à prendre la responsabilité de vos actes et à en assumer les conséquences.

Ça a été une leçon, une leçon de pardon aussi... Même si, en fait, il ne lui avait rien fait.

Il en avait peut-être juste eu l'intention...

Et Angélique a grandi... la voilà à seize ans. Petite histoire d'une jeune fille blessée.

Un clocher. Au-dessus d'une église. Dans un village. Autour, des gens, des vies, des souffrances, des peurs de souffrir de nouveau, des joies, des plaisirs. Dans des maisons, des immeubles, à plusieurs, chez soi. Des liens, des cordons même. On se souvient. On n'oublie pas. On n'oublie rien de rien, on s'habitue c'est tout, disait Jacques Brel ! Mais si, au lieu de s'habi-

tuer, on se souvenait, on digérait, on pardonnait ! On acceptait ! L'oubli viendrait et on serait plus léger, n'avoir plus ces boulets aux pieds!

Dans ce village, il y a une belle jeune fille, naïve. Elle aime plaire, séduire même. C'est dans sa nature, elle en a besoin. Elle sourit facilement, un peu trop peut-être. Elle aime être gentille. Elle veut qu'on l'aime.

Dans les bals du samedi soir, elle danse, c'est tellement grisant, danser. Les jeunes hommes se disputent ses faveurs. C'est à qui arrivera le premier pour la prochaine danse. Elle n'a pas envie de jeter son dévolu sur l'un ou sur l'autre, elle préfère garder cette cour, entretenir ses soupirants.

Elle danse, légère, heureuse, pleine d'espoirs, avec l'envie que la vie reste une danse, toujours.

Mais les duègnes, les jaloux, les concupiscents ne le voient pas de cet œil ! Et la rumeur s'y met. Cette jeune fille n'est pas sérieuse. Ah oui, je l'ai vue avec Pierre. Tiens, moi je l'ai aperçue avec Jacques ! Non, est-ce possible, figure-toi qu'hier soir elle parlait avec Jean !

Pierre, Jacques, Jean, elle n'est pas sérieuse, c'est un fait. Tu ne trouves pas qu'elle prend du poids ? Tiens, c'est vrai, elle est peut-être enceinte ? Tu sais la dernière, il paraît qu'elle est enceinte ! Et avec tous ses soupirants, elle ne sait même pas qui est le père ? C'est scandaleux !

La jeune fille, elle, ignore tout. C'est sous ce clocher, dans ce village, que court la rumeur ! Tiens, le père, c'est vrai que ta fille est enceinte ? C'est qui le père ?

Le père de la jeune fille, furieux, lui rapporte la rumeur.

Là, elle tombe, elle s'écroule même, elle reçoit un coup de poignard dans le cœur. Elle prend contact avec la dure réalité du monde. Pourtant, elle avait juste échangé un premier vrai baiser avec Marcel... Pourquoi tant de méchanceté ? Elle est marquée...

Longtemps, longtemps après, elle s'en souvient. La plaie se rouvre facilement quand la rumeur s'y remet pour raconter d'autres histoires. Et puis, un jour, elle choisit de ne plus souffrir.

S'habituer, non ! Accepter, oui. Elle avait sa part de responsabilité dans cette affaire. Le plaisir, la joie de vivre, c'est indécent ? Ça se paie en rumeur. Les autres ont peut-être été le miroir de ses croyances profondes. Être aussi insouciante, légère, joyeuse, ce n'est pas possible, la vie, c'est plus dur que cela. Le bonheur ça se mérite, et patati et patata.

Alors, la vie lui a prouvé qu'elle avait raison, ses pensées sont devenues réalité... Peut-être qu'ils étaient malheureux, les autres, de n'avoir pas cette joie de vivre, cette légèreté ? Ils souffraient ? Peut-être aussi qu'ils n'en avaient rien à faire, que le mal engendré par cette rumeur, ils n'en étaient pas conscients ?

Le jeune fille, devenue femme, a le droit de croire ce qu'elle veut, continuer à se faire du mal en n'oubliant rien ou accepter sa responsabilité, pardonner, enlever le boulet de son pied. A partir de là, la rumeur se taira... pour *cela en tout cas.*

    Angélique a aimé embrasser et être embrassée. Son corps de femme qui avait déjà été titillé durant l'enfance, se réveillait vraiment au contact de l'homme.
    Avec Adolphe, son grand amour déçu, ils avaient pratiqué le baiser souvent et longtemps. Il aimait aussi caresser son corps, ses seins, mais ça ne dépassait pas la ceinture. Durant cette période où il courtisait deux filles en même temps, ils n'ont jamais fait l'amour. Était-ce pour lui une manière d'être fidèle à l'autre ? Ou était-ce parce qu'Angélique ne voulait pas, sachant que l'affaire n'était pas claire ? Elle avait seize ans et lui vingt, c'était aussi une preuve de sagesse !
    Joseph, le père de Grâce et Caroline, était un très bon technicien. Il a rapidement osé mettre sa main dans la culotte d'Angélique et elle n'a pas résisté longtemps. Elle a aimé ses caresses expertes qui lui faisaient découvrir des sensations inconnues, découvrir l'orgasme clitoridien.
    Elle se pose la question de savoir si ce sont ces nombreuses caresses qui l'ont habituée à avoir un plaisir extérieur et ainsi attendre de nombreuses années avant de découvrir le plaisir intense de l'orgasme vaginal.
    Ils se sont quittés de nombreuses fois avant de finalement se marier parce qu'Angélique était enceinte. Avant cela, elle avait fait connaissance, à la suite d'une de leurs nombreuses ruptures, d'un jeune homme très bien qui se prénommait Daniel.
    Angélique avait bientôt dix-huit ans et elle était toujours vierge. Alors un soir, dans la voiture de Daniel, elle s'est laissée déflorer, défleurir, dévirginiser. Ça ne lui a pas laissé un souvenir extraordinaire, c'était plutôt douloureux. Daniel était un homme très bien, ils ont seulement oublié de parler davantage.
    À cet événement, qui aurait mérité d'être important dans sa vie, son corps de jeune fille a réagi en lui laissant un retard de trois semaines dans ses menstruations. Elle a eu très peur d'être enceinte, parce qu'à l'époque, c'était la honte suprême d'être enceinte sans être mariée...
    La honte, encore et toujours elle, vous voyez pourquoi elle se donne tout ce mal pour se séparer d'elle !
    Elle n'était pas enceinte, la vie en avait décidé autrement.
    Angélique a quitté Daniel, parce que ses copines, qui profitaient de se faire véhiculer, chantaient dans la voiture que Pierre était parti pour l'alpage... non, c'était une chanson pour lui rappeler un autre garçon qui la courtisait. Oui, Angélique était très courtisée...
    Finalement, elle est retournée vers son futur mari. Il faut dire qu'il a été très persévérant, il n'a jamais abandonné jusqu'à ce qu'ils se marient. Sa per-

sévérance ne l'empêchait pas de courir plusieurs lièvres à la fois, mais ceci n'est pas la même histoire. Le destin.

Joseph était un bon amant, quand elle dit technicien, c'est qu'il avait l'expérience des femmes et qu'il lui a beaucoup appris dans le domaine de la sexualité.

La difficulté, au début de leur relation, était de trouver un endroit pour faire l'amour.

Un jour, les parents d'Angélique étaient partis en pique-nique. Sa chambre les attendait, seulement voilà, la porte de la maison était fermée à clef. Il a alors trouvé une échelle et l'a appuyée contre la maison, à la fenêtre de sa chambre.

Ils ont fait l'amour et puis se sont endormis, sans penser à l'échelle, preuve de leur présence.

Quand vers cinq heures de l'après-midi, les parents sont rentrés, ils ont immédiatement su que le jeune couple était là. Il semblait à Angélique que leur seule préoccupation était de l'empêcher de pratiquer le sexe. Elle était prise en flagrant délit.

La colère de son père a été terrible, il l'a traitée de tous les noms, l'humiliant devant toute la famille...

Et devinez qui s'est ramenée à grandes enjambées... Harpie!
- Tu es une fille indigne !
- Tu es une dévergondée !
- Tu es une putain !

Elle se sentait tellement nulle, sans valeur, méprisable parce qu'elle avait donné son corps... Même pas de colère... la honte, juste la honte !

Autant Angélique aimait faire l'amour, autant la honte prenait le dessus. Inconsciemment, chaque fois qu'elle se donnait à Joseph, elle se méprisait davantage et se sentait de plus en plus réprouvée.

Ses parents devaient ressentir son attitude intérieure, qui tournait toujours autour des mêmes injonctions :
- Je suis nulle !
- Je suis indigne !
- Je ne mérite pas !
- Je ne vaux rien !

Ils savaient que son comportement n'était pas bon pour elle. Ils l'aimaient et voulaient son bien. Leur manière de le dire était maladroite, bien sûr, mais chacun fait de son mieux selon son modèle, alors à qui en vouloir ? À ses parents qui à leur tour en voudront à leurs parents et ainsi de suite... inutile, ça n'arrange rien d'ailleurs.

Prendre sa responsabilité dans ce qui arrive, c'est la seule solution. Il faudrait enseigner cela dans les écoles, ça permettrait, enfant déjà, d'avoir conscience de son être, de se poser les bonnes questions de l'existence, de se situer, de savoir qui on est et ce que l'on veut.

Imaginez un instant la différence, si on disait à l'enfant :
- Tu es un être unique !
- Tu as le droit de choisir ta vie !
- Tu peux adopter le comportement que tu veux, je te demande simplement de mesurer les conséquences de tes choix, parce que les conséquences, c'est toi qui va les assumer.
- La question principale de ta vie : Comment je me sens avec cette personne ou cette situation, quel est mon état intérieur ?
- Es-tu prêt à prendre la responsabilité de tes actes, de tes sentiments intérieurs, de tes choix, parce que personne d'autre n'est responsable.
- Je suis ton père, je suis ta mère, je suis responsable dans le monde physique où nous vivons, c'est la loi. Mais au niveau de l'âme, tu es responsable, maintenant déjà, de tes actes et de tes choix.

Ça viendra un jour...

Quand les filles d'Angélique ont eu cet âge-là, elle ne savait pas tout cela, elle s'est comportée parfois un peu comme ses parents, un peu moins, mais... toujours le modèle...

Elle peut bien le regretter, être désolée, ça ne changera rien... c'était son chemin, c'était aussi leur chemin !

Angélique espère simplement que le travail qu'elle a fait sur elle-même servira un jour à ses filles Grâce et Caroline, qu'elles arrêteront de lui en vouloir, qu'elles la comprendront, qu'elles l'aimeront avec ses qualités et ses défauts !

La vie aux côtés d'Angélique a dû s'avérer très difficile pour Joseph. Elle a utilisé le modèle qu'elle avait eu sous les yeux :
- Si tu n'es pas gentil avec moi, je boude et je me refuse à toi.

Pourtant elle aimait le sexe, mais quand ils n'étaient pas d'accord durant la journée, le soir, elle lui faisait payer sa "méchanceté", son manque d'égards... sans se rendre compte qu'elle se punissait par la même occasion !

Son corps l'avait bien averti, par des menstruations douloureuses, par des vaginites à répétition que son comportement, ses croyances vis-à-vis de la femme, de la sexualité méritaient d'être revus et corrigés.

Elle ne savait pas encore que son corps lui parlait.

Angélique était incapable de vivre sa vie, rêvant au prince charmant qui viendrait la délivrer du bourreau qu'était son mari, la protéger des heurts et malheurs de l'existence. Elle lisait des romans-photos comme "Intimité" et "Nous Deux" et elle se complaisait dans sa rêverie mélancolique. Elle avait ce côté si naïf, si candide, si crédule... Elle l'a encore parfois, elle en est juste un peu plus consciente !

C'est certainement pour cela qu'elle a été trompée durant toutes ces années de mariage. Joseph était beau, charmeur, il savait séduire. Il allait chercher ailleurs ce qu'elle refusait de lui donner.

Un jour, Angélique reçoit le téléphone d'un homme qui lui dit :
- Votre mari est là, je veux lui parler...
- Non, il n'est pas là !
- Dites-lui de laisser ma femme tranquille.

Quand Joseph est rentré, elle a fait semblant de rien. Mais il avait une sensibilité toute féminine, alors il l'a questionnée et elle a fini par lui rapporter le téléphone.

Il lui a juré que c'était faux, qu'il ne se passait rien, que cette femme lui "courait après".

Et elle l'a cru, c'était plus simple... On est de la famille des autruches ou on ne l'est pas !

Angélique a appris plus tard, après avoir divorcé, qu'elle a été trompée bien plus qu'elle ne pouvait même l'imaginer... Pourtant les indices étaient nombreux, du rouge à lèvres sur le col des chemises, les nuits où il découchait, les mines en pâmoison de certaines des femmes de ses collègues lorsqu'elles le voyaient, et cette impression d'être la dinde de la farce... Mais encore une fois, quand on a choisi la famille des autruches, il y a un prix à payer.

- Tu ne m'aimes pas, tu ne me fais pas de scènes !

C'est ce qu'il lui disait quand il rentrait à quatre heures du matin. Elle l'attendait en faisant un puzzle. Lorsqu'il rentrait, elle était heureuse qu'il soit en vie. Alors elle allait se coucher.

Il a même réussi un jour à attirer une de ses amies dans leur lit. Angélique était d'accord. Elle aimait le plaisir, la découverte, les nouvelles sensations... Ils avaient bu quelques verres. Le jeu a commencé avec des cartes, la dame de pique. La personne qui tirait la dame de pique devait enlever un vêtement. Et ils ont terminé nus, au lit à trois.

Angélique a aimé cette expérience, caresser une femme, lui donner du plaisir. Voir son mari lui faire l'amour l'a amenée à une excitation intense.

Jouer, ne penser qu'au plaisir peut parfois nous mettre dans des situations psychologiques compliquées. Nous sommes des êtres humains faits de chair et d'os, avec en plus, enfin c'est ce que nous croyons, l'intelligence, la conscience des choses. Séparer complètement les plaisirs de la chair de tout autre considération est un exercice de l'esprit qui est plus alambiqué qu'il n'y paraît. Le refrain est toujours le même : quelles sont les conséquences de nos actes, sommes-nous prêts à assumer ? Quand par-dessus tout cela, arrivent en renfort honte, culpabilité et remords, le plat est plutôt corsé.

Pourtant la question est assez simple : qu'avons-nous mis en mouvement par nos actes ? De quoi sommes-nous vraiment responsables ? Si un jour quelqu'un nous faisait la même chose, serions-nous prêts à en accepter les conséquences ?

Angélique en est capable, la jalousie ne fait pas partie d'elle et pour le prix à payer, elle verra sur le moment !

Et pourtant, si elle a épousé un homme si jaloux, parce qu'il était d'une jalousie, d'une possessivité maladives, elle doit bien avoir quelque chose à y voir.

Quand ils allaient au restaurant, quand ils étaient en public, il la surveillait de si près qu'elle regardait dans son assiette. Elle avait l'air tellement coupable, il l'accusait alors d'avoir regardé le brun de la table à côté ou le blond de la table en face...

Ô Dieu que la victime en elle prenait toute la place, elle n'osait même pas exister tellement elle avait peur de son mari. C'est cela qui la faisait réagir de la sorte... La faute à qui ? Ils étaient tous les deux concernés, lui pour apprendre à ne plus être bourreau et elle pour apprendre à ne plus être victime !

Durant ces temps de disputes, ces périodes d'abstinence volontaire, elle s'est mise à la pratique régulière de la masturbation. Son mari lui avait bien appris, quelques années plus tôt, il avait même insisté parfois pour la regarder se caresser. Ce phantasme existe chez de nombreux hommes.

Elle était devenue experte, connaissant bien son corps. Le jet de la douche pouvait l'amener à un orgasme en deux minutes... Et cela, comme tout ce qui touchait le dessous de la ceinture, avec un arrière-goût de péché, d'interdit, de mal, d'indigne...

- Bonjour Harpie, au revoir Harpie !

Sur l'insistance de son mari, mais il n'a pas dû insister longtemps, ils ont fait l'acquisition d'un vibromasseur... bon pour le plaisir, bon pour le plaisir...

- Bonjour Harpie, au revoir Harpie !

Et elle a fini par le quitter...

La guerrière a pris le dessus, celle qui a mis une carapace, une armure, avec plaques et cotte de mailles, avec lance et bouclier. Même pas mal... Elle ne sentait rien, elle s'interdisait de sentir, ça aurait été trop douloureux. Enlever son masque, impossible, elle ne savait même pas qu'elle l'avait. Angélique sentait au fond d'elle-même que ce n'était pas juste, que ce n'était pas elle, mais il lui a fallu quelques années pour réagir.

Elle consommait l'homme quand elle en avait besoin ! C'est en tout cas ce qu'elle se faisait croire. Elle avait les attributs pour les attirer, elle était belle, sensuelle.

Ce qui se dégageait d'elle :

- Je suis nulle !
- Je suis indigne !
- Je ne mérite pas le bonheur !
- Prenez-moi et jetez-moi.

Alors les hommes en profitaient, elle les laissait faire.

Elle essayait parfois de s'accrocher à quelqu'un, essayant ainsi de combler son manque d'amour pour elle-même. Impossible d'aimer l'autre, si on ne s'aime pas d'abord soi-même.

Une autre expérience lui a procuré un plaisir d'une intensité peu commune. Elle était amoureuse, enfin elle le croyait, d'un bel Italien. Angélique s'accrochait à lui et il était conscient du pouvoir qu'il avait sur elle. Ça s'est passé le plus naturellement du monde. Un de ses amis est arrivé pour prendre un verre. Ils se sont retrouvés à trois dans un lit.

Faire l'amour avec deux hommes, sublime plaisir. Quatre mains pour la caresser, deux bouches pour l'embrasser, deux sexes pour la pénétrer, elle en garde un souvenir extraordinaire.

Du point de vue de l'expérience sexuelle, Angélique ne regrette rien, c'est toujours et encore Harpie qui la harcèle, Harpie qui sait tout, Harpie qui juge...

Et peut-être que vous êtes d'accord avec Harpie ?

Les hommes disent que les femmes qui aiment l'amour aiment la pénétration anale, cette sensation d'être possédée complètement, de se livrer par tous les orifices possibles de son corps. Ça explique que l'homosexualité masculine puisse satisfaire de nombreux hommes.

Homosexualité, pédérastie, confusion... Souvenir d'enfance, très mal, très mal, la honte suprême... Voué aux gémonies... Heureusement, les temps changent, lentement, mais ils changent !

Angélique a vécu de nombreuses années dans le dégoût absolu d'elle-même. C'était totalement inconscient d'abord, complètement camouflé sous l'armure de guerrière, mais petit à petit à force de lectures, d'ateliers, de séances de développement personnel, c'est devenu plus clair.

C'est plus tard qu'elle a vu un des importants défis de sa vie : concilier son goût prononcé pour les plaisirs de la vie et une spiritualité qui voulait elle aussi se manifester en elle. Réconcilier le sexe et le bon Dieu.

Elle survivait. C'est à ce moment-là que Grâce et Caroline sont parties chez leur père !

Après quelques mois où elle s'est comme retirée du monde, Angélique a fait un soir son retour en allant dire bonjour à une copine et tenancière de bar d'hôtel.

Louis était là, assis à une table avec Nicole, une vieille connaissance.

Elle se lève et fait les présentations. Angélique a remarqué instantanément qu'elle plaisait à Louis, il y avait dans son regard un mélange d'admiration, de convoitise, de brillance de l'œil du chasseur, et aussi quelque chose du bon serviteur, même si c'est le maître qui se remarquait en premier. Sa voix l'a immédiatement envoûtée, une voix de basse qui résonnait dans sa poitrine, qui venait du ventre. Il avait les larges épaules de l'homme qui dit :

- Viens ma chérie, je vais m'occuper de toi, je vais prendre les choses en mains.

Il a adoré son corps, avec éloquence quand, avec son franc-parler il lui disait :

- Tu ferais bander un régiment de pédés !

Il avait ce côté provocateur, et en même temps un autre côté très touchant du petit garçon qui veut faire plaisir à la maîtresse.

Et pour cause, il avait reçu son éducation sexuelle d'une maîtresse d'école qui avait épousé un homosexuel mais qui ne lui en avait rien dit. Comme elle était délaissée par son mari, elle avait décidé d'apprendre l'amour, le respect, la dégustation du corps même, au plus grand nombre de jeunes garçons possible. Et Louis avait été très bon élève.

Il y a eu de l'alchimie entre Louis et Angélique, alchimie de l'amour, alchimie de deux corps qui se désirent constamment. Ils étaient comme avides l'un de l'autre. En un instant, la vie d'Angélique a complètement basculé.

Chaque jour, il lui téléphonait vers neuf heures pour lui dire :

- Bonjour ma chérie, comment vas-tu ce matin ? Tu me manques déjà, à ce soir !

Et le soir, quatre ou cinq jours par semaine, elle le retrouvait dans un bar pour prendre l'apéritif. Champagne, elle buvait du champagne blanc, pas du rosé, c'était trop sucré selon son goût... elle s'interdisait la douceur !

- Je t'aime... disait-il !
- Je t'aime... répétait-il !
- Et l'écho répondit ?

Et il attendait... elle était incapable d'articuler ces mots. Il a eu une patience d'ange. Il l'a poussée à s'exprimer, à dire ce qu'elle avait comme sentiments. Lui avait une telle aisance dans le domaine. Il utilisait beaucoup la métaphore, comme le père d'Angélique.

Après l'apéritif, ils allaient dîner, enfin en Suisse on dit souper. Les meilleurs restaurants, les endroits feutrés où ils étaient bien confortablement installés pour se séduire, inlassablement se séduire.

Pour terminer le souper, elle sortait de son sac un cigare "Antonio y Cleopatra", Louis aimait le cigare et ça plaisait à Angélique qu'il aime le cigare, ça sentait bon.

Ce n'était de loin pas terminé, ils allaient ensuite faire un ou deux bars de nuit. Et puis ils rentraient chez Angélique. Ils faisaient l'amour, souvent, longtemps.

Ils se sont amusés un jour à compter, ça devait faire plus de mille fois par année...

Il aimait raconter cette histoire :
- Savez-vous ce que dit une femme quand elle est satisfaite ?
- Merci Louis
- Merci merci merci !

Angélique qui avait eu jusqu'ici une vie sexuelle désordonnée, de bout de ficelles, elle qui croyait qu'elle était frigide, dixit son ex-mari, elle qui avait souffert parfois de sécheresse vaginale, fini, miracle, tout avait disparu.

Il suffisait qu'il lui parle, il suffisait qu'il la regarde avec ses yeux remplis de gourmandise pour que son corps se transforme, se prépare à le recevoir. Il était l'homme, elle était la femme et ils étaient faits pour fusionner.

Ils avaient tous les deux le goût du jeu. Quand parfois ils décidaient de rester à la maison, il arrivait et là c'était un petit quicky, l'amour sans les préliminaires, avec force et puissance, juste pour l'orgasme...

Puis elle se mettait à faire la cuisine, en tablier, juste en tablier...

Elle lui servait l'apéritif et il la regardait déambuler dans la pièce... Après quelques minutes, vingt ou trente, il s'approchait, comme aimanté par son corps et il commençait à l'embraser, à promener ses mains sur elle. Alors elle éteignait le feu de la cuisinière... non elle tournait les boutons des plaques et c'est lui qui éteignait le feu de la cuisinière... rires...

Un jour, il lui est revenu en rêve :
"Mon amour, comme tu m'as manqué !

En rêve tu es revenu. Tu sais un de ces rêves où les acteurs sont si présents qu'on se demande, au réveil si c'était un rêve ou la réalité.

Toi qui sais si bien recevoir, je vais te donner un voyage.

Dans ce voyage, je t'ai préparé une couche. Des draps de satin bleu ciel avec des coussins. Une subtile odeur se répand, légèrement jasmin, avec un nuage de tabac.

La lumière est diffuse, de celles qui embellissent les corps, qui emmènent comme dans une autre dimension.

J'entreprends de te déshabiller. Je m'attarde sur ta bouche gourmande, effleure encore et encore tes douces lèvres pendant que patiemment je défais le nœud de ta cravate.

Avec cérémonie, comme lorsqu'on ouvre un cadeau longtemps convoité, je libère les boutons de ta chemise. Que j'aime ton odeur ! Mes narines excitées se remplissent, se baignent, se promènent avec une divine délectation. Tu es nu jusqu'à la taille.

Mes mains, chaque pore réveillé, entreprennent un pèlerinage sur ton dos. Je te libère de la taille aux genoux et t'assieds sur l'écrin bleu qui attend.

Avec des gestes lents, comme dans un rituel, j'enlève chaussures et chaussettes, pantalon et culotte. Tu es nu, mon amour, je te retrouve mon amour, je suis comme en transe, je me pince pour être sûre de ne pas rêver. Allongé au milieu du lit, tu ressembles à Abel, prêt pour le sacrifice. Détente mon amour, sublime détente comme pour tout enlever avant de commencer.

Je détends le bout de tes pieds, tapote chacun de tes orteils, puis passe sous tes pieds, sur tes pieds, tourne en rond sur les chevilles. Je prends tes jambes entre mes mains, les parcours avec une lente application. Tu subis mon amour, c'est moi la maîtresse de cérémonie, dévotion à ton corps retrouvé.

Je palpe de mes doigts le contour de tes genoux, puis remonte les cuisses avec toujours cette tranquille détermination. Tes deux jambes sont maintenant détendues, libérées, parfaitement reposées.

Depuis le bas de la colonne vertébrale, j'entreprends, en lilliputienne, une mission très spéciale. Je tourne autour de chaque vertèbre pour leur donner une élasticité de bébé, je monte jusqu'à la nuque. Ton dos est maintenant complètement libre de tension.

Je promène mes mains sur l'avant de ton corps, le ventre, les hanches, l'estomac, le plexus, les seins, la gorge. Toujours sans précipitation aucune, chaque centimètre carré de ce territoire est par moi relaxé.

Tes deux mains, je les effleure des miennes, dessus, dessous ! Je remonte avec le bout de mes doigts l'avant de tes bras, les coudes, les hauts des bras jusqu'aux épaules, puis masse très délicatement le cou. Voilà mon amour, ton corps est calme, serein.

De mes deux mains, je caresse franchement ta mâchoire, détends tes joues, ton nez, tes yeux, tes oreilles, ton front et termine par de multiples pressions sur ton cuir chevelu.

Ton corps est prêt, tu nages entre réalité et rêve. Tu te livres entièrement à ma gourmandise.

J'ai rêvé si fort de toi mon amour !

Mes lèvres sur tes lèvres commencent une autre étape, celle de réveiller ton désir ! Entends-tu chaque pore de ma peau en alerte !

Mes lèvres, avec cette permanente gourmandise, se promènent dans ton cou, passent sous le menton pour revenir s'abreuver à ta bouche. Je t'aime si fort de tout mon corps.

Tiens, je vois que le tien continue de se réveiller, les ronds de ta poitrine se tendent vers moi, comme ceux d'une vierge qui se demande ce qui lui arrive.

J'enlace ta taille de mes deux bras. Je sens entre mes seins une forme de résultat de ma patience, de ma lente promenade, de ma détermination.

J'y vais voir de plus près. Mais ce membre est au garde à vous ! Et bien, garde, à moi ! Je sens augmenter en moi une forme de convoitise !

J'inspecte le sujet qui fait le beau de plus belle ! Je l'embrasse, le prends entre mes mains, comme pour en mesurer la réalité. Au fond de mes entrailles, un appel puissant, une envie d'empaler. Il commence à pleuvoir en moi. Je remonte vers toi, t'embrasse comme un fauve. Je ne veux plus attendre, t'enfourche avec ardeur !

Oh le sublime effet, l'impression de prendre et d'être possédée. Je reste ainsi, seuls les muscles de mon ventre te ventousent.

Mon amour, je dois être au paradis ! Je sens approcher le moment de l'explosion. Je t'embrasse encore un peu, la respiration parfois rapide et parfois arrêtée. Je retiens. Ne plus bouger. Repousser l'échéance fatale...

Et puis tout mon être se met à trembler. A travers mes cils, je te vois prêt toi aussi à récolter le fruit de cette union de deux corps qui s'aiment.

Je viens mon amour. Tu m'as beaucoup manqué mon amour !"

Oui, c'est lui qui lui a donné le goût d'abord de raconter, puis plus tard d'écrire la sensualité.

Un événement mérite aussi le détour.

Un jour, alors que Grâce, voyant l'ambiance moins attractive chez son père, était revenue à la maison, Louis arrive avant Angélique. Ils avaient convenu de rester à la maison ce soir-là. C'était un homme de parole et aussi un homme ponctuel... il avait décidément bien des qualités !

Quand Angélique est rentrée, elle voit sa fille vautrée sur la canapé qui lui dit que Louis était venu et reparti. Ça ne lui ressemblait pas.

Elles ont mangé toutes les deux et plus tard, Angélique est allée retrouver son amoureux.

- Pourquoi es-tu parti ?
- J'étais un peu grippé, pas très bien !
- Mais pourquoi ne m'as-tu pas attendu ?
- Ta fille s'est mise à vouloir me soigner, elle était si douce, si gentille, que mon désir s'est réveillé...
- Alors je suis parti !

Ça a été une leçon extraordinaire pour Angélique, Louis n'avait pas peur de la vérité. Quel bel exemple d'authenticité... et de sagesse. Elle l'a aimé encore plus.

Elle l'aimait chaque jour davantage. Comme il était marié, elle se disait, encore un jour de bonheur de gagné, encore un mois, encore un an... et ça a duré plus de sept ans.

Elle qui voulait apprendre le plaisir, elle était servie. Plaisir de la chair, plaisir de la table, plaisir de l'ivresse... oui Angélique a aimé et aime encore l'ivresse, l'état de légèreté dans lequel elle vole après avoir bu du bon vin.

Plaisir de la chair... il adorait son corps. Une transformation graduelle et lente s'est faite au niveau de l'orgasme, au départ clitoridien. Angélique était devenue experte dans l'utilisation des muscles de son ventre, c'était instinctif, elle voulait le retenir en elle, le garder. Lentement, elle a commencé à sentir la jouissance intérieure.

Et, comme le lui avait dit un jour sa mère, un orgasme vaginal, c'est vraiment sublime, c'est se promener dans le jardin des dieux, c'est un moment d'éternité... Séraphine ne l'avait pas dit comme ça, Angélique a un peu arrangé le propos !

Et pourtant, parce que sa vie allait continuer ailleurs, parce que leurs chemins devenaient moins parallèles, parce que quand la boucle est bouclée il faut savoir passer à autre chose, ils se sont quittés !

Angélique a parfois le sentiment d'avoir vécu plusieurs vies...

Après quelque temps de calme, Fuat est arrivé dans sa vie... Nous le connaissons déjà.

Ils avaient une attirance sexuelle très forte, animale même, elle a connu avec lui des orgasmes d'une puissance phénoménale. Il avait un chibre grand, fort et fier de l'être... On aurait dit qu'il était exactement adapté à son corps de femme. Il la réveillait parfois, la nuit, pour lui faire l'amour et elle aimait cela.

Jusqu'à lui, Angélique avait toujours été celle qui est désirée, choisie, et puis celle qui accepte ou qui refuse, enfin l'honnêteté lui fait dire qu'elle ne parle là que des hommes qui l'ont voulue, il lui est aussi arrivé de vouloir un homme et de ne pas arriver à ses fins. Mais avec Fuat, quelque chose de nouveau lui arrivait, il avait un comportement que l'on pourrait qualifier de féminin, il se faisait désirer et quand il voyait que ça marchait, il disait non. Elle le traitait d'ailleurs d'allumeuse... Voyez ici comme la loi du retour est incontournable. Elle recevait la monnaie de sa pièce... Il lui était arrivé si souvent de se refuser à son mari, et voilà qu'elle se faisait allumer pour ensuite rester sur le carreau.

Si vous croyez à la réincarnation, vous allez comprendre son sentiment. Elle avait l'impression qu'elle le connaissait, qu'elle le connaissait depuis très très longtemps. Quand elle était à côté de lui, c'était comme si elle retrouvait une partie d'elle-même... Le décor n'avait pas d'importance, en Suisse, dans son pays, en Italie, n'importe où. Elle le retrouvait et elle retrouvait aussi de vieux schémas, cette manie qu'il avait de l'amener quelque part et de la laisser dans une chambre d'hôtel, puis de lui apporter de la nourriture, comme un geôlier ferait pour sa prisonnière. Ça ressemblait à un rituel, il était très fier de revenir, après l'avoir fait attendre plusieurs heures, parfois plusieurs jours. Elle n'était pas prisonnière bien sûr, elle pouvait sortir, voir du monde... Elle avait quand même l'impression d'être surveillée...

Angélique a vécu avec lui une expérience très impressionnante, un flash, comme un film tourné dans le passé. Ils étaient en train de faire l'amour. Tout à coup, elle a été comme transportée dans un autre temps, dans une autre vie, dans un autre lieu.

Elle était l'homme, il était la femme. Angélique l'homme était en train de baiser Fuat la femme, oui c'est le mot... C'était au début du vingtième siècle, dans une auberge. L'homme passait par là, de temps en temps. Il y avait beaucoup de passage, beaucoup de marchands, de voyageurs. La femme le regardait avec des yeux où la tristesse était si profonde que l'homme avait peur de s'y perdre s'il allait y regarder de trop près. D'ailleurs il n'avait même pas la moindre envie d'aller y regarder, il ne faisait que passer. Misérable, elle était misérable, enfermée dans cette pièce à longueur de journée, à longueur de vie, obligée de satisfaire les hommes qui passaient. Fin du flash.

Et dire qu'Angélique a fini par faire enfermer Fuat... étrange non ? Il l'avait bien cherché...

Nouvel homme, nouveau miroir. Avec Christian, son compagnon actuel, la sexualité n'a vraiment pas été au premier plan de leur relation. L'attirance était ailleurs.

Elle avait beaucoup pratiqué durant les années qui ont précédé leur rencontre, la sexualité a donc passé au second plan, même un peu plus loin...

Ils sont d'accord tous les deux pour dire qu'ils ont un rapport complètement décalé dans ce domaine, lui étant habitué à être servi... et elle aussi !

Ils veulent recevoir, tous les deux... et ils attendent, ils attendent !

Le bon dieu

Dans la famille d'Angélique, Dieu avait une grande place. Ses aïeuls étaient très croyants et pratiquants, des deux côtés.

Ses parents allaient à la messe tous les dimanches et le soir, durant l'hiver, vers cinq heures, avec Séraphine, les enfants disaient le chapelet.

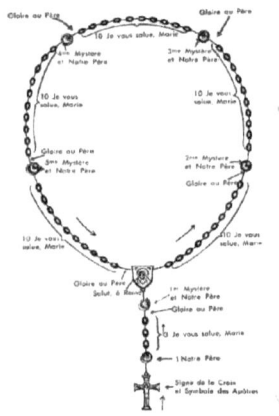

Cela veut dire que durant une trentaine de minutes, ils récitaient des pater et des ave, entre autres, selon le rituel proposé par l'église.

A sept ans, Angélique a reçu une magnifique robe blanche, avec voile et couronne, comme une petite mariée, pour faire sa première communion. Elle se souvient exactement de l'instant, avoir enfin le droit de recevoir Dieu, être enfin assez grande pour le mériter...

Un an ou deux plus tard, ça a été la confirmation, la confirmation de la grâce reçue par le baptême, elle était considérée comme assez grande pour confirmer tout cela.

Enfant, Angélique avait un côté spirituel très fort. Elle était habitée par cette volonté intérieure d'être bonne, d'avoir un lien avec Dieu. Elle l'a eu, durant quelques années. Dieu la connaît, il sait que son cœur est bon.

La grande question est toujours la même, peut-on être des hommes, pécheurs, avec toute la culpabilité que l'église, après nos parents, nous apprend à ressentir, et en même temps se sentir enfants de Dieu ?

"Mea culpa, mea culpa, mea maxima culpa", c'est ma faute, c'est ma faute, c'est ma très grande faute !

Il fallait se flageller et se faire flageller psychologiquement. Le Dieu qui pardonne, le Dieu qui aime, le Dieu père qui comprend ses enfants et qui les aide à se relever lorsqu'ils sont dans la peine, lorsqu'ils ont besoin de soutien, était quasiment invisible, enfin disons qu'Angélique ne l'a pas beaucoup vu. C'était plutôt l'église et ses représentants qui s'étaient arrogé le pouvoir d'absolution, mais oui après la confession.

- Je m'accuse d'avoir eu des pensées impures !
- Combien de fois ? demandait le curé.
- Je m'accuse d'avoir oublié ma prière du matin !
- Combien de fois ?
- Je m'accuse d'avoir répondu à mes parents !
- Combien de fois ?
- Je m'accuse d'avoir ...

Et dire qu'on trouve dans l'écriture : "Le juste pèche sept fois le jour", mais ça, les dignes représentants de l'église catholique n'en ont pas parlé...

A la base, la confession peut avoir du bon, puisque l'idée est la suivante : si tu peux parler, avouer, confier, confesser que tu as fait telle ou telle action et que ça te pèse sur le cœur, un homme de Dieu peut t'absoudre, te libérer de ce poids.

Mais ça leur donnait tellement de pouvoir, et nous savons que l'exercice du pouvoir est bien difficile à vivre sur la terre. Angélique essaye de comprendre pourquoi, de leur trouver des excuses, de se dire que si elle avait été à leur place, elle aurait peut-être aussi abusé de son pouvoir.

Angélique parlait le latin... elle récitait toutes sortes de prières, elle chantait, elle a toujours aimé chanter. Aujourd'hui encore, elle chante dans une chorale, parce que le répertoire de l'église contient des merveilles.

Elle ne comprenait rien ou pas grand chose à ce qu'elle disait... Qu'est-ce que c'est que cette église qui faisait réciter des mots que ses ouailles ne comprenaient pas ? Pour sauver leurs âmes ? Pour les lobotomiser oui ? Quelle rigolade, c'était pour mieux avoir l'emprise sur eux. Et dire que ça a marché si longtemps.

Oui, Angélique est en colère. Ils lui ont donné une fausse image de Dieu, un dieu sévère, qui promène son œil sur les hommes à longueur de journée et lève son doigt accusateur sitôt qu'ils ont, selon eux, fait quelque chose de travers.

Le curé de son enfance s'appelait Martin. Il a été pour elle une sorte de diable, imaginez le dilemme. Elle aimait Dieu, mais pas le curé et ils ont dû être très nombreux dans le même cas, pas seulement dans cette paroisse-là, pas seulement avec ce curé-là.

Les enfants en avaient une peur bleue, mais pas le père d'Angélique... Quand il avait plu durant plusieurs jours, et qu'il fallait demander la permission au curé de travailler un dimanche, son père la demandait, mais s'il disait non, il travaillait quand même. Même pas peur... Aïe, ça vous rappelle quelqu'un ?

Le curé, Monsieur le curé ils devaient dire, venait une fois par semaine donner les leçons de catéchisme durant la deuxième et la troisième heure le matin. La plupart du temps, il privait les enfants de récréation parce qu'ils n'étaient pas assez intelligents, pas assez dignes, pas assez bon chrétiens selon lui.

Un jour, il avait préparé sa leçon avec deux tableaux noirs. Sur l'un il avait dessiné un paysage, avec des montagnes, des oiseaux, des fleurs, c'était joli, il avait des talents, ce curé-là... L'autre tableau était libre. Il s'adresse alors à un élève et lui demande d'aller dessiner un oiseau. L'élève était pétrifié sur place, certain que jamais il ne saurait dessiner un oiseau. Il demande ensuite à un deuxième, puis un troisième, ils étaient tous pétrifiés... et il riait, il riait, il se moquait des enfants :

- Vous êtes nuls !
- Vous êtes des ignorants, des incapables !
- Vous n'arriverez jamais à rien !

Bonjour Harpie, au revoir Harpie !

Finalement, il insistait tellement que les enfants ont levé le nez au tableau pour voir que l'oiseau était fait juste de deux demis cercles l'un à côté de l'autre...

Angélique ne l'a pas aimé ce curé-là... Dieu ait son âme... Ses intentions étaient certainement bonnes, il croyait que la moquerie allait aider les enfants à apprendre. Il se trompait. Il a dû avoir lui aussi des parents très durs, très sévères !

Il n'y avait pas que le curé qui posait à Angélique un problème de logique, de compréhension, de bon sens, de compréhension de l'amour, de savoir ce qu'est un bon chrétien... C'était l'éternel faites comme je dis, pas comme je fais...

Il faut être bon. Il faut partager. Il faut aimer son prochain. Tiens dans son souvenir, ils ont zappé le "comme soi-même". Il faut savoir pardonner. Il ne faut pas être médisant.

Mais dans la pratique, c'était bien différent.

- Tu as vu Madame Tartampion, encore un nouveau manteau, elle met vraiment beaucoup d'argent sur son derrière !

- Il paraît que Monsieur Duchnoque trompe sa femme. C'est bien fait pour elle, elle est si fière de sa personne !

- Oui, elle arrêtera de poéter plus haut que son luth.

- Et cette Mademoiselle Simplette, il paraît qu'elle est enceinte et elle ne

sait même pas qui est le père ! C'est vraiment une traînée...
- Tiens, elle ne grossit pas ? Mais son père a de l'argent, ils ont dû faire le nécessaire !
- Je ne parlerai plus jamais avec Paul, plus jamais, après ce qu'il m'a fait !

La liste pourrait s'allonger...

Angélique était une enfant, elle voulait que le monde soit tout blanc. Elle ne savait pas qu'il était composé d'une palette de tous les gris possibles. Elle a commencé à être déçue, de plus en plus déçue de ce monde qui se croyait bon mais qui était composé, en réalité d'humains qu'elle aurait voulu sans peur et sans reproche...

Questionnements d'enfance. La famille venait d'acquérir une télévision. Angélique regardait un reportage sur une tribu d'hommes noirs, habillés seulement d'une pagne, armés d'une lance, maquillés et coiffés de plumes, qui dansaient autour d'un totem.
- Ce sont des sauvages... ils n'ont aucune morale, ils vivent tout nus...

Angélique réfléchissait :
- Mais si j'étais née à cet endroit, mes parents m'auraient appris selon ce qu'ils auraient appris des leurs ? Et moi aussi je vivrais nue, et je danserais autour d'un totem...

Discussion philosophico-religieuse avec sa mère :
- Je suis certaine que Dieu ne nous a pas donné un corps, avec le plaisir qu'on peut en tirer, pour nous empêcher de l'utiliser !
- Fais attention Angélique. Pourquoi poses-tu toujours autant de questions ? Pourquoi veux-tu tout remettre en question ?
- C'est la même chose, Dieu ne m'a pas donné une intelligence pour me demander après de me comporter comme un mouton.
- Tu ne choisis pas un chemin facile, comme ça. Ce serait plus simple de respecter les règles.
- Impossible, j'ai besoin de comprendre, j'ai besoin d'être d'accord, j'ai besoin d'être convaincue, pas d'être obligée de croire.

Le domaine où elle a ressenti le plus de dichotomie par rapport à Dieu, c'est la sexualité. Séraphine, sa mère devait bien aimer faire l'amour. Mais faire l'amour ça donne des enfants, surtout quand on est catholique et que la contraception sous quelque forme que ce soit est interdite... et Séraphine aurait préféré avoir moins d'enfants.

C'est après le huitième qu'elle a finalement décidé, après l'accouchement, de se faire ligaturer les trompes. Voyant qu'elle ne tombait plus enceinte, sa mère et son beau-père se sont étonnés. Et elle s'est sentie coupable d'avoir enfreint les lois de Dieu.

Mais pourquoi Dieu, enfin ce que les hommes en ont fait, est-il si souvent opposé aux hommes ? Dieu n'a pas voulu cela, ce sont les hommes qui se le sont approprié pour manipuler leurs frères, enfin leurs sœurs, et qui nous ont mises dans une telle situation d'inconfort, voire d'impossibilité de se sentir bien, tiraillées que nous sommes entre notre goût pour les choses de la chair et notre envie d'être spirituelle, d'être des ambassadrices de Dieu.

Ambassadrices, mais non, chez les catholiques, nous sommes si loin de cela que les curés n'ont pas le droit de vivre trop près de nous, ça pourrait leur donner la peste ?

Bonjour Harpie... Au revoir Harpie !

Et Angélique a jeté le bébé avec l'eau du bain... Elle a renoncé à Dieu durant des années, parce que ses représentants et ses adeptes l'ont terriblement déçue.

Angélique n'a pas beaucoup parlé de Dieu avec ses enfants et le regrette. Elle n'était pas encore réconciliée... Elle ne voulait pas les intoxiquer comme elle pensait l'avoir été ! Il lui a fallu quelques années pour le retrouver.

Elle l'a cherché dans ses lectures. Elle a beaucoup aimé le livre "Le troisième œil" qu'elle avait acheté simplement parce qu'elle a un grain de beauté au beau milieu du front. Son auteur, Lobsang Rampa, a été énormément controversé. La lecture de ce livre a commencé à la réconcilier. Avec une grande facilité, elle s'est glissée dans le personnage d'un jeune lama, vivant au Tibet, à Lhassa sa capitale. C'était sa première approche de l'idée de la réincarnation.

Et si Dieu habitait Angélique, et si Dieu habitait chaque humain ? Même ceux qui l'ignorent ! Petit à petit, elle s'est fait sa propre religion... Elle croit en Dieu, Dieu omniscient, omniprésent, omnipotent, dans la nature, chez les animaux, à l'intérieur d'elle-même. Elle croit aussi à la loi du retour, on récolte ce qu'on sème, si on sème de l'amour, on récolte de l'amour et si on sème la zizanie, on récolte la zizanie, et cætera...

C'est plus simple et plus difficile à la fois, puisque chaque événement qui survient dans une vie, chaque rencontre, chaque expérience a sa raison d'être, c'est le résultat de nos actes, récents, anciens ou très anciens... C'est notre récolte. C'est aussi la manifestation de nos pensées, même inconscientes.

Et ça lui permet de se dire :

- Mais si ma fille m'accuse tellement, j'ai quelque chose à apprendre à travers cela !

Pour Angélique, le plus beau et le plus difficile cadeau que nous ayons reçu de Dieu, c'est le libre arbitre. Nous pouvons choisir de vivre n'importe quel événement, la vie nous envoie d'ailleurs nombre d'expériences, l'important c'est d'en prendre la responsabilité, l'important c'est d'en comprendre le sens, pour être de plus en plus conscient, pour devenir enfin le capitaine au gouvernail de notre bateau et non une espèce de radeau qui dérive et se laisse pousser au gré des vents ou qui se retrouve à la merci de n'importe quel curé, pasteur, représentant de dieu prédateur venu...

Aujourd'hui, les choses ont bien changé. Les représentants de Dieu qu'elle a connus sont en train finalement de se demander pourquoi les églises se vident et c'est peut-être trop tard...

Mais d'autres mouvements naissent, des prises de conscience se font. De toute manière, les êtres humains sont condamnés à retourner à la poussière par le corps et à la lumière par l'esprit.

Son goût pour le chant a ramené Angélique à l'église catholique. Elle est à nouveau membre de cette grande famille. Comment c'est arrivé ? Quand elle a rempli les papiers pour revenir vivre dans son canton, dans la rubrique confession, son côté provocateur et un peu anarchique l'a fait indiquer "toutes". Résultat des courses, elle a été considérée comme "sans confession" et autre résultat, elle n'a pas payé l'impôt à la paroisse, obligatoire pour les catholiques dans son canton. Mais quand elle est retournée à la chorale, et que son frère Victor faisait partie des dirigeants de la paroisse, il a trouvé que ce n'était pas cohérent... alors elle est redevenue catholique, pour chanter à la chorale, pour ne pas faire honte à son frère, pour suivre les règles...

Ses coreligionnaires catholiques, certains en tout cas, ont vite fait de parler de sectes, et d'avoir peur de tout ce qui n'est pas chrétien... Ils montrent du doigt ceux qui, dans une autre église que la leur, versent volontiers dix pour cent de leur salaire pour leurs frères, pour les frais de fonctionnement, pour de bonnes actions...

Chez eux c'est plus simple, l'église est imbriquée dans le système de l'état, ce qui amène celui qui n'est pas catholique à être un marginal ! Ce n'est pas qu'ils ne sont pas tolérants, c'est que ça ressemble à la plus grande secte de la planète...

Mais rendons à César ce qui est à César et à Dieu ce qui est à Dieu, c'est Jésus qui l'a dit, lorsque ses ennemis voulaient le faire tomber. Aujourd'hui, Angélique fait partie de la chorale, elle chante la messe et écoute ce que dit l'église, ce que disent les curés, elle écoute les sermons...

Serait-ce parce que le discours a changé ? Serait-ce parce qu'elle est beaucoup moins en colère ? Leurs sermons lui semblent remplis de bon sens. Elle entend parler d'amour. Elle entend parler de pardon. On peut dire qu'elle s'est réconciliée...

La honte

La honte laisse sa marque sur le corps. Souvenez-vous des fameuses taches de vin, ou n'importe quelle autre tache rose, rouge ou brune. Elle va même jusqu'à prendre de la hauteur, et devenir grain que l'on appelle de beauté !

Une personne sans tache est une personne sans péché, tandis qu'avoir un grain, c'est être un peu folle. Bon, il ne s'agit pas du même grain... Angélique avait un grain sur la joue droite, sur lequel poussait toujours un poil. Séraphine a le même, au même endroit. Angélique l'a fait enlever et il s'est retrouvé sur le nez de cette chère Harpie... Bien fait.

De nos jours, on voit beaucoup moins de personnes avec des taches, il est vrai que la médecine fait des miracles. Reste à se poser la question de savoir si en enlevant la tache au bistouri, au racloir ou au laser, on enlève la honte ? Parce que le corps, lorsqu'il a quelque chose à signifier, du style :

- Regarde ce que tu te fais !
- Regarde l'image négative que tu as de toi !
- Tu te crois toute tachée !

Eh bien le corps est bien capable de recommencer le travail, inlassablement, jusqu'à ce que l'âme qui l'habite comprenne le message.

Le bébé naît souvent sans tache, avec un joli petit corps tout lisse. S'il a une tache de naissance, se pourrait-il qu'il ait ramené quelque chose d'une autre vie ? Mais là bien sûr il faudrait croire en la réincarnation.

On ne naît pas avec la honte, mais on naît dans un environnement favorable. Admettons que nous soyons venus sur terre pour guérir de la honte, il fallait bien se retrouver dans la situation de savoir que nous l'avions attrapée, comme un virus, comme une maladie.

Pour l'attraper, il fallait aussi que nous soyons en contact avec quelqu'un qui l'avait. En effet, on ne peut pas souffrir de honte sans avoir côtoyé des personnes qui souffraient de honte. Et ces personnes ne pouvaient pas, elles non plus souffrir de honte, si elles ne l'avaient pas attrapée d'autres personnes.

La honte se transmet, de génération en génération, jusqu'à ce que quelqu'un dise :

- STOP, je ne veux plus vivre cela !
- Je veux guérir !
- Je veux que cette vieille copine m'oublie !
- Je veux l'oublier !

- Je veux reprendre le pouvoir sur ma vie et ne plus la subir.
- Je veux la reléguer au rang de mauvais souvenir, au rang de mémoire.
- Je ne veux plus qu'elle me rende la vie parfois infernale.

La honte commence son travail de sape au moment où l'enfant, instinctivement découvre son corps.

Il le découvre par le toucher, peu après un an. L'enfant naît sans culpabilité, sans honte. C'est au moment d'explorer les sensations que peut lui procurer son corps que le désastre commence.

- Ne te touche pas, ça ne se fait pas...
- Arrête ça, tu n'as pas honte !

Angélique n'a pas d'image si ancienne. Mais quand ses filles ont eu cet âge, elle a été très mal à l'aise quand elles ont commencé à se toucher, à se découvrir le corps. Elle ne voulait pas leur donner la honte, mais malgré elle, elle l'a peut-être fait.

C'est vraiment impressionnant comme, une fois parent, on part sur pilote automatique et on répète les choses apprises, même si elles ne nous ont pas fait plaisir !

Ah la conscience, le niveau de conscience de ce qui se passe en nous. Dieu merci, aujourd'hui Angélique a appris tout cela, enfin tout, non elle est sur le chemin.

Faisons le vœu qu'un jour, on puisse l'enseigner, à l'école déjà !

Dans cette mémoire-là, une des sœurs d'Angélique, lorsqu'elle a reçu son carnet scolaire en fin de trimestre, a corrigé toutes ses notes à la hausse.

Cet événement, assez insignifiant en soi, a pris des proportions gigantesques. C'était un crime de lèse-régent, oui on l'appelait le régent, d'avoir osé ainsi modifier ses résultats.

Angélique a été accusée de l'avoir fait pour sa soeur. Elle ne saisissait pas ce qui se passait, corriger ses propres notes, elle aurait pu comprendre, mais pourquoi aurait-elle pris le risque de corriger le carnet d'une autre personne ? Elle a senti monter en elle toutes sortes de sentiments :

- Il me croit vraiment aussi stupide ?
- Il me prend pour une nulle !
- Croire ça de moi, je n'arrive pas à comprendre, il a une si piètre opinion de moi ?
- Bonjour Harpie ! Au revoir Harpie !

Il a y eu un tremblement de terre en elle, une fissure intérieure, une déception monumentale. Elle était pourtant régulièrement première ou deuxième de classe et malgré cela, le maître la croyait nulle à ce point.

C'est un de ses plus vieux souvenir de cette chère Harpie à l'œuvre ! Expérience marquante, mais pas autant que l'histoire du râteau et du flemmard, citée dans la boîte de Pandore.

Rouge de honte, on dit rouge de honte... Eh bien de la famille d'Angélique, famille de la campagne, on disait qu'ils avaient "bonne mine". En fait, ils avaient tous de la couperose sur les joues et cette tendance à rougir facilement.

Son père était très susceptible sur ce point, lorsqu'on lui parlait de son teint rouge, il partait dans de grandes colères. Il est possible que c'était justement pour cacher sa honte, honte de quoi, ça lui appartient, paix à son âme !

On peut bien avoir une fierté ou un courage capable d'affronter n'importe quelle situation et d'aller défendre n'importe quelle position, derrière ce masque de force, il y a quand même de la honte. Et le reconnaître était impensable, vers le milieu du vingtième siècle dans un milieu paysan de la Suisse romande.

Chez Séraphine, c'est plus alambiqué, elle a toujours su savamment cacher ses émotions derrière un masque de rigidité qui, encore aujourd'hui, fait parfois de le peine à Angélique.

C'est une grande dame, qui a une grande fierté d'elle-même, au port de tête haut et à la démarche rapide de celle qui sait ce qu'elle veut et où elle va. Y a-t-il derrière tout cela de la honte cachée ? Séraphine seule peut répondre à cette question.

S'il lui arrive parfois de ne plus pouvoir continuer à garder le masque de rigidité qui demande beaucoup d'énergie, elle pose sur son visage celui de la victime, "pauvre moi, personne ne m'aime", le même que Caroline n'aime pas chez Angélique parce qu'elle ne doit pas l'aimer chez elle non plus.

A douze ou treize ans, Angélique a commencé à vouloir ressembler à une femme. A cette époque, les filles mettaient ce que l'on appelait des culottes-bas ou des bas-culottes bleu marine ou gris en semaine et blancs le dimanche.

C'était encore une enfant, loin d'être pubère. Séraphine avait accepté de lui acheter des collants de femme, des collants transparents.

Quand son père l'a vue, elle n'a pas compris sa colère :

- Va immédiatement enlever cela !

- On ne met pas des bas de femmes sur des baguettes comme les tiennes !

- Tes jambes, on dirait des perches de haricot !

- Tu es beaucoup trop jeune pour ressembler à une femme !

C'était comme si son père ne voulait pas qu'elle grandisse, comme si devenir femme comportait des dangers, avait quelque chose de répréhensible.

Et bien sûr, Harpie continuait son travail de sape, ce sont les piques des perches de haricots qui enfonçaient d'autant sa honte en elle !

Un peu plus tard, cette tendance naturelle à vouloir devenir une femme s'est à nouveau manifestée.

Angélique, avant de partir pour la messe, avait pris soin de se maquiller, un peu de poudre sur les joues, pour enlever le trop de rouge qu'il y avait, un peu de noir sur les sourcils, pour marquer les yeux, et du rouge à lèvres, comme elle avait vu faire souvent Séraphine.

Quand son père l'a vue, ça a été encore plus terrible :

- Enlève ça tout de suite, sinon je te frotte la figure avec une brosse à risettes !

- On dirait un clown !

- Tu ne vas pas me faire honte devant tout le monde, aguichée de cette façon !

- Tu fais comme un paysan qui veut se débarrasser d'un vieux char, pour masquer les défauts et pour le vendre plus cher, il le peint !

- Bonjour Harpie ! Au revoir Harpie !

Quand Angélique avait quatorze ou quinze ans, ses parents sont partis un jour rendre visite au frère de son père, dans le Jura.

L'esprit d'initiative, Angélique l'a toujours eu, l'imagination débordante aussi. Elle a donc décidé de faire une surprise party, c'est comme cela qu'on appelait une fête à l'époque.

Son frère Victor était de la fête, il a dansé, rigolé avec les quelques camarades qu'elle avait invités. Mais, comme il l'avait déjà fait quelques années plus tôt, il a cafeté, c'est ce qu'Angélique a cru sur le moment. Parce que ses parents devaient bien avoir deviné que la seule capable de fomenter un truc pareil, c'était elle.

Elle se retrouve à genoux dans la pièce qui tenait lieu de chambre de ses parents et de salon, à genoux en attendant que son père, le distributeur de punition, vienne la corriger.

Après une série de noms d'oiseaux dont il avait le secret, où l'humiliation montait en elle, la colère aussi, il lui a donné une gifle dont sa joue garde encore le souvenir. Elle pleurait, elle pleurait de toutes les larmes de son corps, de rage et de honte.

- Bonjour Harpie ! Au revoir Harpie !

Et là elle a eu une idée de génie.

Angélique avait une faiblesse, entre autres, elle saignait du nez très facilement. Le sang, la vie, la vie qui s'échappait de son corps, manque de joie de vivre... mais revenons à son idée géniale. Après ce soufflet magistral, elle s'est donné un petit coup sur le nez. Elle a commencé à saigner. Ils n'ont d'abord rien remarqué, ce qui fait qu'après quelques minutes, il y avait une flaque de sang devant elle.

Ça impressionne toujours, le sang. Et là, sa mère a, devant elle, fortement réprimandé son père, lui disant de faire attention, qu'il ne fallait pas oublier qu'elle avait des faiblesses, une au niveau du cœur, un examen avait révélé qu'elle avait le cœur trop gros... eh oui, le cœur gros, être triste, et une autre faiblesse au niveau du nez. Le langage du corps est impressionnant, c'est le premier langage que nous devrions apprendre. Au fond d'elle-même, elle se sentait pas correcte, pas normale, pas comme les autres, indigne, une vraie diablesse parfois pour avoir toujours des idées qui devenaient mauvaises...

Dans la famille, il y avait une servante qui se prénommait Lucie, elle avait baptisée Angélique sa sorcière bien-aimée, nom d'une série télévisée de l'époque... Et les sorcières, c'est bien connu, surtout dans notre pays catholique, on les jette, on les brûle... C'est pour rire, un peu jaune, mais c'est pour rire...

Imaginative et tête en l'air, deux attributs d'Angélique. Un jour, alors qu'elle avait ses règles, elle a oublié dans les toilettes une serviette hygiénique usagée. C'est son père qui l'a trouvée. C'était comme si elle avait tué quelqu'un, l'incident, insignifiant en soi, avait l'air si grave qu'elle a eu droit à une remontrance des grands jours.

- C'est très grave ce que tu as fais ma fille, c'est indigne, laisser de pareilles saletés à la vue de tout le monde, tu devrais avoir honte... tu es sale, tu es une cochonne...
- Bonjour Harpie... Au revoir Harpie...
– Bonjour Harpie... Au revoir Harpie... Veux-tu t'en aller !

La honte du dessous de la ceinture, la honte des choses de femme, la honte de ce qui touche au sexe de la femme, la honte de ce qui sort du sexe de la femme...

Depuis ce jour et pour de très nombreuse années, Angélique a détesté le rouge...

Vers seize ans, elle a été majorette et elle aimait beaucoup cela, s'exhiber, se montrer, faire son numéro.

Peu de temps après son arrivée, la cheftaine a dû quitter le groupe pour une raison qui arrivait souvent dans les villages, elle était enceinte et elle allait se marier.

Il fallait nommer une nouvelle cheftaine. L'entraîneur qui aimait bien Angélique lui a demandé de le devenir. Heureuse, enchantée, c'était son rêve, être au premier plan, diriger la manœuvre avec un sifflet, ne plus faire partie de la troupe, mais être au premier rang.

Il y avait dix-sept filles, Angélique a obtenu une ou deux voix. Alors là, Harpie y est allée très fort. Elle lui a envahi tout le corps, elle se sentait tellement nulle, une rien du tout, plus bas que terre. Elle croyait qu'elle était appréciée des autres jeunes filles. Ça a été une claque qui lui a fait bien plus mal que celle de son père. Elle s'est sentie rejetée, unité négligeable, bonne à rien. Elle était incapable de voir cela comme un échec, incapable de voir que les filles avaient simplement préféré quelqu'un de moins coincé, de moins fier. C'était comme si elle avait la gale. Elle avait envie de se vomir. Elle n'avait pas subi un échec, elle était l'échec. En silence, en profondeur, avec grande application, minutieusement, Harpie continuait son travail de dévalorisation.

La sentence était sans appel. Angélique était en train de rejeter tout son être. L'époque se prêtait aux décisions définitives : si tu voles un œuf, tu voles un bœuf, pas de pitié, pas de pardon, tu as les stigmates toute ta vie. Si tu dis un mensonge, tu as la réputation de menteur qui te colle à la peau toute ta vie, tu es un menteur.

Un enfant qui vole un bonbon à l'épicerie, alors qu'ils sont placés juste sous son nez, comme pour lui faire envie, pour stimuler son imagination à trouver un moyen de se les approprier, c'est un voleur, ce n'est pas un enfant qui a été tenté et qui a succombé à la tentation et à qui on pardonne, c'est un voleur !

Quelle sévérité ! Pas droit à l'erreur... Angélique a acheté le modèle, elle aussi a été sévère avec ses propres enfants et elle en est désolée ! Les chiens ne font pas des chats !

La vie a fait beaucoup de signes à Angélique, son corps lui a fait beaucoup de signes, elle ne savait pas lire les signes... pas encore.

Elle était en ballade avec deux copines. L'une d'elle avait envie de voir un match de football, Angélique n'a jamais apprécié ce genre de distraction, mais comme elle était passagère, elle a suivi. De plus, il devait y avoir beaucoup de garçons, alors pourquoi pas ?

Très aimables, ils ont été très aimables tous ces gens. C'était dans la paroisse où elle est née. Après le match, ils ont gentiment invité les filles à venir prendre une collation avec eux.

Angélique s'ennuyait, elle pensait à son prochain voyage en Angleterre, elle n'était pas présente, comme ça lui arrivait très souvent. Elle a commencé à gribouiller sur la nappe en papier. Encore la sténographie... elle écrivait "merde pour ces cons", des quantités de "merde pour ces cons".

En face d'elle, il y avait un employé de banque qui avait aussi appris la sténo, la même sténo. Et il l'a démasquée, il avait dans les yeux de la déception, voire de la tristesse. Ça aurait été plus simple s'il s'était mis en colère. Non, il était triste...

Ce moment a été terriblement humiliant. Elle aurait voulu disparaître, elle aurait voulu avoir une baguette magique pour effacer tout ce qu'elle avait écrit.

Elle s'est tellement méprisée, pas tellement d'avoir écrit cela, mais plutôt d'avoir été assez stupide pour se faire prendre en flagrant délit de manque de reconnaissance, d'ingratitude vis-à-vis de ceux qui les avaient si gentiment accueillies.

- Gourde, bécasse, idiote !
- Maman a raison, je suis stupide, je n'arriverai jamais à rien avec des comportements aussi bêtes que celui-là.

Ce n'était pas son comportement qui avait été nul, elle se jugeait complètement nulle.

Oui, sa mère devait bien sentir ce manque d'estime de soi qui l'habitait, elle lui disait :

- Fais attention, prends le temps de choisir un homme qui te fera une belle vie, qui te méritera, patience ma fille, patience...

Pour la patience, sa marraine la fée, quelle fée d'ailleurs, devait être en rupture de stock, ce n'est de loin pas sa qualité principale.

Au fond d'elle-même, dans tout son être, ce qui habitait Angélique, de plus en plus, c'était :

- Je ne mérite pas !
- Je suis nulle.

En face de sa mère, elle avait toujours ce sentiment de n'avoir pas assez fait, de n'avoir pas fait juste, de n'être pas à la hauteur. Ce qu'Angélique entendait dans ses paroles c'était :

- Tu es nulle ma fille, tu n'es pas intelligente, à ta place, j'aurais mieux fait, j'aurais mieux su !

Ce n'est pas ce que Séraphine disait, c'est ce qu'Angélique entendait.

Rouge de honte, elle était si facilement rouge de honte. Dans la grande ville, aux télécommunications où Angélique travaillait, les bureaux étaient séparés par des parois vitrées. Il suffisait qu'elle surprenne un de ses collègues en train de l'observer à son insu pour qu'elle devienne rouge, du bout des pieds jusqu'au sommet de la tête. Et il trouvait ça drôle, il en usait, il en abusait même.

C'était un autre signe de la vie qu'elle n'a pas su voir. Il lui a fallu attendre d'être au bord de la rupture pour faire quelque chose... la poire Williams...

Il y a eu aussi cette femme d'un collègue de son mari qui l'appelle vers onze heures du soir et qui lui demande si elle pouvait lui prêter un costume de bain, parce qu'elle allait faire un bain de minuit. Angélique ne savait pas qu'un bain à minuit se prenait nue, alors elle lui a gentiment proposé de venir chercher le sien. Et ils ont évidemment bien rigolé.

Au mariage de ce couple où ils avaient été invités, tous ces gens n'ont pas trouvé nul ou indigne de se laver les dents, chacun avec la même brosse à dents et avec l'eau de la même écuelle.

Angélique avait refusé fermement, comme quand on sait qu'il est inutile d'insister. Son mari l'avait traitée de guindée, de snob, de fière, et l'avait accusée de vouloir faire son numéro, de ne pas vouloir faire comme tout le monde au risque de gâcher la fête...

Son instinct grégaire était déjà limité, surtout dans ce genre de situation. Là, Harpie a été moins vive ! Parfois Angélique savait très bien prendre position et dire non.

Un autre vestige de cette époque. Sa fille aînée avait quelque mois. Les parents venaient dîner à la maison. Angélique était très heureuse de les voir arriver, alors elle descendait pour les accueillir. Dans cette maison, le couple de concierges vivait au rez-de-chaussée. Madame passait de nombreuses heures par jour à sa fenêtre, à observer les gens. Elle savait tout sur tout le monde, surtout sur les rastaquouères, c'est comme cela que son mari désignait les Italiens et les Espagnols qui commençaient, selon eux à envahir la Suisse. On est raciste ou on ne l'est pas !

Passant ainsi avec ses parents sous la fenêtre de cette concierge - personne bavarde dont les propos n'ont pas un grand intérêt - ils ont été accrochés. Et Séraphine dit à cette commère, après qu'elle lui ait abondamment passé la brosse à reluire :

- Je suis très contente que vous soyez là pour lui donner des conseils, elle est très jeune et a encore besoin qu'on lui apprenne bien des choses !

Mais pourquoi croyait-elle Angélique si incapable ? Peut-être voulait-elle l'aider ?

Imaginez la joie de la jacasse, elle allait pouvoir, avec la bénédiction de la mère, apprendre à cette jeune incapable son boulot de mère. Elle en a usé et même abusé de cette bénédiction. Angélique n'avait pas le droit d'avoir ses propres avis, l'autre avait raison un point c'est tout. Ça a duré quelques semaines jusqu'au jour où, dans la chambre à lessive, Angélique lui a signifié, avec force conviction, son congé.

Son mari, un homme qui faisait du bruit quand il était invisible, tapait sur le plancher de leur appartement. Angélique était tellement en colère qu'elle lui a lancé un :

- Ta gueule connard !

- Mais comment osez-vous, je vais déposer plainte contre vous, vous avez traité mon mari de connard !

- Mais vous délirez Madame, je n'ai jamais dit une chose pareille !

Oh le beau mensonge... Angélique était très fière de lui avoir damé le pion, à cette pécore !

Angélique avait laissé un tel pouvoir à Séraphine, mais quand elle était éloignée, c'est-à-dire la majorité du temps, elle se défendait pas mal !

C'est un passage difficile, celui où sa fille devient mère.

Ne plus considérer que c'est notre enfant, mais considérer que c'est maintenant une mère qui va faire de son mieux, la même chose que vous pour certaines choses, le contraire pour d'autres qu'elle n'a pas aimées chez vous.

La distribution des rôles change. On retrouve une jeune mère en face d'une femme qui ne pourra bientôt plus être mère.

Il faudrait alors refaire connaissance, d'adulte à adulte, en gardant à l'esprit, comme un souvenir, l'ancienne relation mère-enfant.

Angélique s'est retrouvée, lorsqu'elle a été grand-mère, avec tellement de noms différents, Mamie, Mom, Mum, grand-mère par-ci, non pas grand-mère, c'est moche, par-là, grand-maman... Pour simplifier, surtout pour elle, Angélique a choisi de reprendre son prénom pour tout le monde... Caroline n'a pas apprécié !

Un des plus forts moments de honte s'est passé justement lors de la naissance d'Aïcha.

Heureuse de cet événement, Angélique est allée voir sa fille à l'hôpital. Là, se trouvaient son ex-mari, grand-père lui aussi, avec une de ses femmes, jeune et belle.

Angélique arrive dans la pièce, fait le tour en saluant tout le monde et au moment de saluer son ex, il la regarde des pieds à la tête puis déplace ses yeux vers sa femelle et ses vingt ans de moins.

Elle aurait voulu disparaître. La comparaison était évidemment en sa défaveur, dans son esprit elle était la vieille grand-mère mal fagotée, grosse, laide, en face de tous ces gens très beaux. Elle s'est sentie rejetée de toute cette tribu, comme si ce n'était pas la sienne, bannie, ignorée, pestiférée même...

Joseph n'est pas un mauvais homme, il n'est peut-être pas conscient du pouvoir qu'il peut encore parfois avoir sur elle. Une petite vengeance de temps en temps, vengeance d'avoir été abandonné, ça fait du bien à l'ego ! D'ailleurs il n'est pas responsable des états d'âme d'Angélique, on est bien d'accord.

Elle est restée peu de temps. Elle aurait voulu avoir une baguette magique, encore... et disparaître. Et c'est la première image que sa petite fille adorée a eu d'elle... bienvenue chez les honteux !

C'est que Harpie n'avertit pas quand elle arrive, elle surgit dans le pré-

sent, avec son lot de dévalorisations, de qualificatifs peu glorieux...
Angélique :
- Mais maintenant, chère vieille copine, je commence à voir ton jeu, je te le dis, ton règne est bientôt terminé...

A la même époque, rentrée du Canada où elle avait suivi ses formations, Angélique se retrouve sans logement, sans travail, mais avec beaucoup de bonne volonté. Le hasard l'a aidée puisqu'un petit studio venait de se libérer dans une maison de la famille. Elle se retrouve ainsi durant treize mois à vivre dans une seule pièce, un coin pour manger, un coin pour travailler, un coin pour se relaxer, un coin pour dormir, une kitchenette et une douche. Elle a un sens de l'adaptation inné puisqu'elle n'a pas trouvé cela si difficile.

Séraphine vivait seule dans la grande maison voisine. Angélique lui a proposé de vivre avec elle, au lieu de vivre seule, chacune de son côté. Sa mère a refusé. Sur le moment, avec sa grande couche de "surtout ne pas sentir, ça fait trop mal", Angélique a compris sa décision.

Logiquement, puisque c'est ainsi que fonctionnait son esprit, sa mère avait bien le droit de refuser.

Maintenant qu'Angélique est capable d'aller au fond de ses sentiments, même les plus douloureux, enfin c'est ce qu'elle croit, de revisiter le passé pour l'alléger, un peu comme si elle restait, comme les voitures, dans un tunnel de lavage, elle se voit encore, se sentant ridicule, misérable, complètement nulle puisque même sa mère ne voulait pas d'elle.

Tout cela n'a rien à voir avec la logique, c'était juste une expérience de plus pour lui faire prendre conscience à quel point elle manquait d'estime, d'amour pour elle-même, à quel point elle se dévalorisait. Elle avait tellement honte de sa situation, son projet de maison pour jeunes filles bulgares en Macédoine avait foiré, elle vivait chichement dans une seule pièce et même sa mère la rejetait.

La honte, ce n'est pas de la peinture rouge en surface, c'est de la teinture, ça vous imprègne complètement, ça vous donne envie d'aller vous cacher dans un trou de souris, de disparaître de la vue de tous.

Séraphine est une personne généreuse. Dans ces moments-là, il lui arrivait de lui offrir un vêtement neuf, de lui donner une pièce qu'elle ne portait plus, manteau, foulard. Mais quand elle la voyait, vêtue de ce qu'elle lui avait offert et qu'elle ne pouvait s'empêcher de le lui dire, Angélique aurait voulu se rendre invisible, tellement elle trouvait son attitude hautaine, altière même, une vraie dame patronnesse.

- Bonjour Harpie... Je te reconnais Harpie...
- Au revoir Harpie...

Avec les hommes qu'elle a présentés à sa mère, l'histoire est assez croustillante. S'il savait lui porter de l'intérêt, se comporter en hypothétique futur gendre bien éduqué et bien comme il faut, il avait sa bénédiction. Il était important aussi qu'il soit généreux... mais oui un homme qui aime, il paie.

Joseph, son ex-mari était fauché, la plupart du temps, mais il savait si bien la complimenter qu'elle le trouvait fabuleux.

Un certain lundi, la petite famille d'Angélique était en visite. Sa mère avait aligné les souliers du dimanche de toute la famille, ça faisait beaucoup de paires. Quand elle s'est mise à les décrotter, puis à les cirer et enfin à les faire briller, son gendre a été saisi d'admiration, mais pas innocente :

- Vous êtes vraiment une femme extraordinaire, vous cirez toutes ces paires de chaussures, je vous félicite ! Votre fille ne fait pas cela, jamais elle ne me cire mes chaussures !

- Mais enfin Angélique, pourquoi tu ne cires pas les chaussures de ton mari ?

Angélique était furieuse. Elle rongeait son frein. Elle n'osait pas se mettre en colère en face de sa mère. Jamais elle ne se serait permise.

Et Séraphine gloussait de plaisir, ça la mettait en valeur... Angélique avait même parfois le sentiment que sa mère trouvait amusant de se mettre en concurrence avec elle, pas pour la descendre, pour se remonter, elle qui, à ce moment-là approchait de la cinquantaine ! C'est humain tout cela, c'est très féminin dirons-nous, surtout pour une femme qui aime plaire et qui restera toute sa vie une séductrice !

Il y en a un que Séraphine n'a pas aimé, c'était Louis. Bien sûr que pour elle, son principal défaut était son état civil "marié", mais avec du recul, et connaissant le franc- parler et la capacité de franchise de Louis, il n'a pas dû être suffisamment "bon garçon" avec elle, puisqu'il n'avait d'yeux que pour Angélique. Son père par contre a eu immédiatement une belle connivence avec Louis, malgré son statut. Il arrive parfois que, sans savoir pourquoi, deux personnes s'aiment et se respectent...

Avec Christian, son compagnon actuel, Angélique a vécu plusieurs situations particulières. Sa mère et lui ont très peu de différence d'âge. Elle revoit la première fois où il a été invité à la maison, Séraphine lui avait servi une belle assiette, lui qui aime les demi-portions. Il y avait même un légume qu'il n'avait jamais touché lorsque Angélique le lui avait servi. Eh bien il a tout mangé. C'est dans son éducation, les belles-mères, il vaut mieux être de leur côté, ça facilite l'intégration dans la famille. C'est vrai qu'il a de la pratique, puisqu'il est divorcé trois fois.

Au début, Angélique a trouvé cela plutôt bien, jusqu'au moment où ça a commencé à être à ses dépens. C'est comme s'il est nécessaire pour lui de choisir l'une ou l'autre, entre sa belle-mère et sa compagne.

Elle a dû plusieurs fois, lorsqu'ils étaient à table, élever haut et fort le ton et dire :

- Écoute Christian, si tu continues à me chercher des poux dans la tête, à me chercher des noises, je quitte la table !

Là, Christian prend son air de chien battu, et ça lui va si mal.

Christian lui a même raconté une étrange histoire. Il y a quelques années, elle a été hospitalisée durant plusieurs semaines. Un jour, Séraphine et lui se sont organisés pour venir ensemble lui rendre visite. Quand il est arrivé à la maison pour l'emmener dans sa voiture, elle n'était pas prête. Il attendait.

En soutien-gorge, alors qu'elle se lavait le visage, elle est venue de la salle de bains et lui a dit :

- Tu vois, je ne suis pas si mal pour mon âge !

C'est ce que Christian lui a raconté... Pour justifier parfois son comportement en face de sa mère ou pour lui signifier qu'il n'est pas le seul responsable ? Séraphine en est capable.

Que dire : qu'on ne peut pas empêcher deux êtres de s'apprécier, de se sentir attirés l'un par l'autre... Quand Angélique téléphone à sa mère, celle-ci termine en disant :

- Comment va Christian ?
- Tu salueras bien Christian de ma part !

Il lui arrive assez fréquemment de lui dire :

- Non, moi je ne voudrais pas d'un homme comme lui, je ne pourrais pas vivre avec lui.

Alors qu'Angélique ne lui a rien demandé. C'est la vie, c'est notre destin, destins d'êtres qui se connaissaient peut-être déjà, dans d'autres vies... à condition encore et toujours de croire à la réincarnation, ou qui se plaisent, tout simplement, et ça personne n'y peut rien.

Savez-vous pourquoi les grands-mères et les petites-filles s'entendent bien ? Parce qu'elles ont la même ennemie ! C'était dans un livre de dictons américains. C'est un peu rude, mais ça résonne quand même...

Était-ce déjà la honte, ce sentiment de n'être jamais à la hauteur qui a amené Angélique à vivre la situation suivante ? C'est probable.

Lorsque ses filles passaient parfois un peu de temps avec sa mère, elles ne manquaient pas de se plaindre. Et comme l'oreille était attentive, le flot devait sortir sans problème. Ça finissait, lorsque Angélique venait les rechercher, par de grandes phrases moralisatrices :

- Prends soin de tes filles, elles sont malheureuses.
- Passe plus de temps avec elle et sors moins, elles en ont besoin.
- Tu es en train de gâcher ta vie ma fille, reprends-toi !
- Fais comme ceci, ne fais pas comme cela !

L'intention de Séraphine était bonne, sans doute. Mais imaginez la différence, si elle avait répondu à ses filles :
- Votre mère travaille beaucoup pour vous offrir le meilleur et elle vous aime !
- Elle a le droit d'avoir ses propres loisirs, une vie de femme !
- Je ne vous permets pas de la critiquer en ma présence !
Mais pour pouvoir donner cela, il aurait fallu l'avoir reçu... et Dieu sait si Séraphine avait été validée en tant que mère par sa propre mère...

Une autre histoire peut laisser croire qu'Angélique a commencé sa guérison. Réunion de famille pour fêter l'anniversaire de son petit-fils, chez Grâce.
Il venait de se passer un événement terrible où une fille très jeune avait été violée par plusieurs de ses camarades du même âge.
Angélique commence à parler de cela, puisque c'était d'actualité.
Et là, Caroline intervient :
- Tais-toi maman, Aïcha est là !
- Mais enfin, ce sont des histoires qui arrivent, pourquoi cacher la vérité à une enfant ?
- Elle est trop jeune, ce n'est pas le moment ! Tais-toi maman !
- Je ne suis pas d'accord, quand les choses arrivent, il faut être capable d'en parler.
- Maman, je t'interdis de parler de cela maintenant, c'est moi la mère, c'est moi qui décide !
Processus habituel de Harpie : Angélique sentait son corps se faire envahir par la honte. Dans sa tête résonnaient des :
- Tu n'es bonne à rien !
- Tu ne fais rien de juste !
- Tu es continuellement à côté de la plaque !
- Tu dis sans cesse des conneries plus grosses que toi !
- Personne ne t'aime !
- Tu es méprisée !
- Tu es bonne à jeter.
Comme chaque fois, comme quand Aïcha est née, lui est venue cette envie de disparaître de la vue des personnes présentes. Elle est allée se réfugier sur la balcon, pleurant toutes les larmes de son corps.
Et là, oh surprise, elle voit arriver son ex-mari avec Christian son compagnon. Ils l'ont consolée. Ils lui ont dit que ce n'était pas grave. Ils lui ont demandé de réintégrer la fête et c'est ce qu'elle a fait.
Sa fille serait-elle devenue sa mère ? Ou a-t-elle pris ce rôle, estimant qu'elle était incapable de s'assumer, comme pour "arranger" son enfance, tendant vers Angélique un doigt accusateur ? Et Angélique l'a laissée faire !

Elle se retrouve mère indigne, fille indigne, grand-mère indigne, épouse indigne, compagne indigne, amie indigne, sœur indigne...
- Bravo Harpie, quel carnage, quel massacre, quelle destruction...
- Mais maintenant ça suffit...
- Harpie, tu es virée !

Il y a des signes, une manière de prendre le degré de honte dont elle souffre encore parfois : une caissière qui la regarde de haut, parce qu'elle n'a pas terminé de ranger ses courses dans le sac, n'importe quelle femme qui a cette attitude hautaine, l'attitude de celle qui assure, de celle qui sait, et qui lui dit quelque chose de travers, n'importe quel homme aussi qui la regarde d'un air dédaigneux, parce qu'elle a quelques kilos en trop ou simplement qui la contredit parce qu'il n'est pas d'accord, si elle sent monter en elle cette envie de disparaître parce qu'elle ne se croit pas à la hauteur, trop lente, ou pas assez belle, ou stupide, n'importe quel qualificatif négatif, c'est Harpie qui œuvre.

Sans rire, parce que ça paraît incroyable, c'est pourtant sa réalité, c'est comme une maladie latente, prête à s'activer en deux secondes !

Angélique a posé le costume de guerrière, elle a posé le costume de rigidité, elle ne veut plus fuir ni combattre, elle tente de laisser place à sa vulnérabilité, pour en guérir et être simplement elle-même.

Guérir

Vous connaissez le Petit Prince d'Antoine de St-Exupéry. Quand elle avait treize ou quatorze ans, Angélique a joué ce rôle à l'école secondaire. Encore un signe ! Elle se souvient d'un passage :

LE BUVEUR:
Plus rien ne me paraît très net
Vous êtes sur ma drôle de planète
Tout est tordu tout est flou
Je suis tout sens dessus dessous
Je collectionne pour la peine
Les bouteilles vides les bouteilles pleines
Toi qui t'en viens vers moi
Tu te demandes ce que je fais là
Je bois pour oublier
    Le petit prince :
Mais tu bois pour oublier quoi?
    Le buveur :
Oublier que j'ai honte
    Le petit prince :
Que tu as honte de quoi?
    Le buveur :
Que j'ai honte de boire
    Le petit prince :
Alors tu te ressers un verre
    Le buveur :
Je bois pour oublier
Pour oublier que je bois.

Imaginez le cercle vicieux... Mais comme disait la copine Berthe, ça ne sert à rien de vouloir noyer les chagrins, ils savent nager.

Vous souffrez de honte ? Vous avez fait connaissance de Harpie ! A vous maintenant, faites la même chose, donnez-lui un nom, habillez le personnage, commencez dès maintenant le travail pour reprendre votre pouvoir, celui que vous lui avez laissé.

Devenez observateur

Imaginez que vous devenez observateur de vous-même. Habituez-vous à reconnaître les symptômes. Le plus significatif, c'est cette énorme autant que soudaine envie de disparaître, de devenir invisible, de se soustraire à la vue des éléments déclencheurs, des personnes, des situations, du terrain favorable à l'activation de la honte.

Être observateur, c'est un peu se dédoubler, c'est être capable de vivre une situation souffrante et en même temps poser le personnage sur la table, s'asseoir et le regarder, l'observer, devenir son propre guide, son propre thérapeute. Quand vous serez capable de faire cela, le processus de guérison de la honte sera déjà bien entamé.

Devenez conscient de ce qui se passe en vous, élevez votre niveau de conscience. Nous vivons nonante pour cent du temps sur pilote automatique et heureusement parce que s'il fallait chaque matin réapprendre à s'habiller, à marcher, à conduire une voiture, à travailler, ce serait impossible. Mais élever son niveau de conscience est le seul moyen pour devenir de plus en plus maître de sa vie.

Dans une situation génératrice de honte pour la personne, il y a deux comportements possibles. Pour ne pas sentir, pour ne pas entendre cette voix qui dit :
- Tu es nulle !
- Tu es incapable !
- Tu es indigne !
- Tu es méprisable !

Le premier c'est la fuite : rechercher un lieu sûr, aller se cacher entre le mur et le frigidaire, derrière le balai de riz, rester seul chez soi, organiser sa vie pour éviter les personnes ou les situations où la honte pourrait s'exprimer.

Le deuxième c'est la force : se mettre en colère, insulter les gens, mettre son armure de guerrier, enfourcher son cheval, se munir de sa lance et être prêt à tout instant, à descendre celui qui, d'une manière ou d'une autre, fera émerger la honte.

Mais ces masques sont inutiles, puisque la honte est en vous. Les personnes et les situations sont les révélateurs de votre honte, la photo est là, dans l'atelier du photographe, et c'est au moment où il utilise le révélateur que la photo apparaît petit à petit.

Apprivoisez - la

Quand vous l'aurez détectée, quand vous aurez mis un visage sur cette ennemie, ce poison, cette bactérie qui dort en vous, vous commencerez à l'apprivoiser.

Souvenez-vous que c'est votre création, c'est un peu comme un de vos enfants. Il ne s'agit pas de la détruire, c'est contre le bon sens. Il s'agit de la rééduquer.

Il faudra faire preuve d'intelligence, elle a beaucoup de souvenirs à vous servir, elle est presque aussi vieille que vous, elle fera de la résistance.

Chaque fois que vous la verrez à l'œuvre, vous lui direz :

- Je te reconnais, je sais que tu es là !
- Tu es encore en train de vouloir affecter ma perception de moi-même, mais je te vois !
- Tu veux altérer mes relations aux autres en me faisant croire que personne ne m'aime, que je suis nulle, mais je te vois !
- Tu ne penses que du mal de moi, mais je te vois !
- Tu veux me faire croire que n'importe qui d'autre est meilleur que moi, tu me compares à la baisse, évidemment, mais je te vois !
- Tu veux me faire croire que les autres me jugent constamment avec sévérité, mais je te vois !
- Tu m'estimes au niveau du plancher, mais je te vois !
- Depuis si longtemps, tu veux m'aliéner complètement, mais je te vois !

Vous avez été si intransigeant, si exigeant, si sévère avec vous-même. Rappelez-vous Jésus et la femme adultère, ou Jésus et le bon samaritain, soyez aimable avec vous-même, soyez votre meilleur ami. Aimez-vous. "Tu aimeras ton prochain comme toi-même".

Réalisez que votre niveau de honte est égal à votre niveau de valeur, plus vous avez eu honte et vous vous êtes dévalorisé, plus grande est votre valeur.

Les yeux des gens vous intimident, c'est votre Harpie à l'œuvre. Vous voyez du mépris dans le regard des autres, c'est votre Harpie à l'-œuvre.

Dites lui non

"Je n'ai rien à offrir que du sang, du labeur, des larmes et de la sueur" a dit Winston Churchill dans son discours à la Chambre des Communes en mai 1944 ! Oui, le processus est douloureux et inconfortable. Mais que préférez-vous, rester avec votre honte, utiliser n'importe quel dérivatif pour ne pas la sentir, ou reprendre les rênes.

Vous allez vous retrouver en face de la victime qui sommeille en vous, rendez-la responsable. Se dire que c'est la faute de quelqu'un d'autre et se complaire là-dedans, c'est inutile. Prenez la responsabilité de votre vie, dites STOP.

Quand vous aurez identifié la honte, regardez-la, ce n'est qu'une émotion et vous n'êtes pas cette émotion. C'est ce que vous ressentez au fond de vous, mais maintenant vous décidez de ne plus lui donner raison.

Vous toucherez peut-être à la colère, à l'impuissance, à la tristesse... Acceptez-les, l'acceptation de ce qui est, c'est un grand pas vers la guérison.

Vous pleurerez, rappelez-vous que les larmes ont été créées justement pour laver les blessures, pour faire sortir la tristesse.

Sortez de l'ombre

L'être humain est fait pour vivre à la lumière. Vous avez vécu dans l'ombre, décidez que c'est terminé.

Recherchez qui vous êtes et montrez-vous. Trouvez votre place. Soyez vous-même, osez être vous-même et non une espèce d'automate, comme ces personnes en face de qui on a l'impression qu'il n'y a rien dedans, qui sont comme vides.

Arrêtez de vouloir vous faire valider ou revalider par votre famille, comme Angélique avec son livre de poésies. Ne soyez pas masochiste, ne vous faites pas souffrir inutilement.

Pardonnez

Pardonnez parce que c'est intelligent. La rancune et la haine sont autant de cordons ombilicaux que vous refusez de couper et qui vous nourrissent de vos sentiments négatifs, qui continuent de vous empoisonner.

Pardonnez parce que c'est un acte d'amour. Ça ne veut pas dire que rien n'est jamais arrivé et que ça n'avait aucune importance, ça ne veut pas dire que ce sera miraculeux, que vous serez réconcilié sur le champ, ça ne veut pas dire que, comme par un coup de baguette magique, vos mauvais souvenirs vont s'envoler, ça veut dire que vous pardonnez, que vous avez l'intention de guérir cette plaie, que vous la soignez, que vous y mettez un onguent, et que même si la cicatrice reste, elle ne vous fera plus mal.

Aimez

C'est le verbe le plus important dans toutes les langues de la terre. Je ne parle pas ici de ce sentiment qui vous lie à une autre personne, je parle d'amour comme principe d'union et de cohésion de l'univers, de la terre, avec ou sans connotation religieuse. Il est décrit ici par F. Ozanam, dans son essai sur la philosophie de Dante, en 1838, page 139.

Depuis le créateur jusqu'à la plus humble des créatures, rien n'échappe à la grande loi de l'amour. Les corps simples tendent par l'attraction, qui est une sorte d'amour, au point de l'espace qui leur fut destiné. Les corps composés ont une sympathie, un amour du même genre que le précédent, pour les lieux où ils se formèrent ; ils y acquièrent la plénitude de leur développement ; ils en tirent toutes leurs vertus. Les plantes manifestent déjà une préférence, un amour plus marqué, pour les climats, les expositions, les terrains plus favorables à leur complexion. Les animaux donnent des signes d'un attachement plus vif, d'un amour aisément reconnaissable, qui les rapproche entre eux et quelquefois les rapproche de l'homme. L'homme enfin est doué d'un amour qui lui est propre pour les choses honnêtes et parfaites...

Angélique, terre brûlée...

Il a beaucoup plu sur cette terre...

Le terreau est maintenant idéal pour faire pousser toutes les belles graines qui viendront s'y poser...

Ainsi soit-elle !

Du même auteur

Conversations avec mon corps

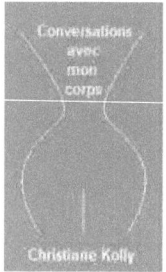
Vous cherchez un moyen pour dialoguer avec des parties de votre corps et réveiller le thérapeute qui dort en vous ? Vous voulez être aux commandes de votre navire, le capitaine de votre bateau. Ce livre qui se veut pratique vous donnera des pistes sur la manière d'y parvenir.
Christiane Kolly est écrivain, en plus d'être formatrice et thérapeute. Guider, c'est sa légende personnelle. Elle qui travaille dans le domaine du développement personnel depuis plus de dix ans vous offre ici un outil pour mieux comprendre les liens entre vos malaises et maladies et vous-même.
www.lulu.com/content/3939429

Moissons

de Théa d'Albertville
La lecture des poèmes coquins et de "la cour" pourra allumer ou rallumer le feu, donner à votre sensualité une dimension nouvelle. Une promenade dans cet univers sensible et parfois profond vous fera rêver, voyager...
Un extrait : La cour de Théa # 5
A demi éveillée, elle revient lentement habiter son corps... La douce tiédeur du lit, le silence d'un matin pas encore arrivé, moment suspendu dans l'espace et le temps...
Elle ouvre un peu les yeux... Seule la minuscule lampe verte d'une antenne, éternellement à la recherche de son onde, témoigne du lieu.
Non. Elle referme les yeux, s'étire lascivement, comme une chatte après la sieste. Mais son corps est très réveillé ...
www.lulu.com/content/4034692

Table des matières

Le vieux sage et le marchand 5
La lettre 7
Sa mère 10
     La boîte de Pandore 11
     La mère de sa mère 18
L'homme 21
Les enfants 47
     Adeline coquine 57
L'argent 59
     Le petit lopin de terre 60
Le sexe 73
Le bon dieu 90
La honte 96
Guérir 110
     Devenez observateur 111
     Apprivoisez - la 112
     Dites lui non 113
     Sortez de l'ombre 113
     Pardonnez 114
     Aimez 114
Du même auteur 116
     Conversations avec mon corps 116
     Moissons 116

Un grand merci à Claire-Hélène et Monika.
Leur aide nous a été très précieuse.

Éditions Christiane Kolly
Rue du Baly 3
1636 Broc
Suisse

www.christianekolly.ch

Oui, je veux morebooks!

I want morebooks!

Buy your books fast and straightforward online - at one of the world's fastest growing online book stores! Environmentally sound due to Print-on-Demand technologies.

Buy your books online at
www.get-morebooks.com

Achetez vos livres en ligne, vite et bien, sur l'une des librairies en ligne les plus performantes au monde!
En protégeant nos ressources et notre environnement grâce à l'impression à la demande.

La librairie en ligne pour acheter plus vite
www.morebooks.fr

OmniScriptum Marketing DEU GmbH
Heinrich-Böcking-Str. 6-8
D - 66121 Saarbrücken
Telefax: +49 681 93 81 567-9

info@omniscriptum.com
www.omniscriptum.com

Printed by Books on Demand GmbH, Norderstedt / Germany